매달 꼬박꼬박 복리 효과를 누리는
예금풍차를 돌려라

매달 꼬박꼬박 복리 효과를 누리는

예금 풍차를 돌려라

윤승희 지음

21세기북스

예금풍차를 먼저 사용해 본 사람들의 추천의 글

적금은 시시하고 투자는 무서운 나에게 딱이다 ― 내가 처음 예금풍차를 시작한 이유는 매월 일정액을 저금하여 목돈을 만들고 싶었기 때문이다. 은행 적금금리가 너무 낮아서 적금에 가입해 봤자 오히려 손해를 보겠다는 생각을 하던 중 그동안 소문으로만 듣던 예금풍차를 떠올렸고, 1년짜리 적금을 들었을 경우와 1년 동안 매월 예금을 들었을 경우의 이자를 비교해 보니 예금을 드는 것이 유리하다는 판단이 들었다. 무엇보다 예금풍차를 시작하게 된 진짜 이유는 다른 마땅한 투자처가 없었기 때문이다. 이자를 조금이라도 더 주던 제2금융권은 최근 저축은행 사태 등으로 위험부담이 커졌고, 불안한 경제 속에 위험부담을 안고 다른 곳에 투자를 하기도 쉽지 않았다.

　예금풍차는 매월 정기예금을 개설해야 하는 만큼 직접 은행을 방문하기는 번거롭기 때문에 시중 예금금리가 높은 금융권을 찾아서 인터넷뱅킹으로 가입했다. 가입 후 매월 급여일에 일정 금액의 신규예금을 가입하고, 엑셀에 만기일과 함께 만기 시 예상수령액을 반드시 기재해 두었다. 내가 은행에 저금을 하는 이유는 여유자금으로 1원이라도 더 많은 이자를 얻기 위함이다. 따라서 리스크

없이 더 많은 이자를 받을 수 있다는 것이 예금풍차의 가장 큰 장점이 아닐까 생각한다.

운용하기 많이 번거로울 것이라는 예상과는 다르게 실제로 슬럼프는 없었던 것 같다. 다만 때로는 은행사이트에 직접 들어가서 예금 신규 작업을 하는 것이 귀찮게 느껴질 때가 있었다. 적금은 자동이체로 돈이 빠져나가기 때문에 이런 작업이 전혀 필요 없기 때문이다. 그럴 때에는 그동안 엑셀로 기록해 둔 내년 예상 수령액에 이번 달 치를 더해서 총액을 확인했다. 그리고 매월 대금을 수령하는 내 모습을 상상하고 기뻐하며 예금풍차를 향한 의지를 다지고는 했다.

예금풍차를 시작하면서 그동안 편하게만 돈을 모으려고 했던 나 자신을 반성하게 됐다. 사실 예금풍차에 대해서 알게 된 것은 몇 년 전이지만 귀찮다는 이유로 실행하지 않다가, 결혼한 지 2년 반 정도가 되어서야 시작했다.

실제로 해 보니 정성을 들이면 조금이라도 더 모을 수 있는 투자처가 있다는 것을 깨닫게 됐다. _이응주(외국계법인 파이낸스 부서 근무, 33세)

예금풍차를 돌리면 저축하는 재미가 쏠쏠해진다 나는 아파트 대출 1억을 안고 결혼생활을 시작했다. 돈이 생길 때마다 조금씩 갚다 보니 어느 날 빚이 800만 원 정도 남아 있었다. 그때부터 돈을 어떻게 굴릴까 궁리를 했다. 그러다가 우연히 지인에게서 예금풍차에 대한 이야기를 들었고, 그것이 나에게 가장 잘 맞는 방법이라는 생각이 들었다. 그래서 월급을 받으면 생활비, 보험, 카드대금, 예비비, 연금을 제외하고 남는 돈은 무조건 한 달에 한 개씩 정기예금으로 묶어야겠다고 생각했다.

드디어 지난 달 빚을 다 갚았고, 이번 달부터 급여일인 25일에 예금을 하기 시작했다. 처음에는 인터넷으로 이자가 높은 곳을 찾아보았고 인터넷뱅킹으로 가입하려고 했지만 오랜만에 통장 쌓는 재미를 직접 느껴보고 싶었다. 그래서 집 근처에서 이자가 제일 높은 은행인 수협을 방문했다. 물론 조합원에 가입하고 비과세로 했다. 첫 달에 100만 원을, 그 다음 달에는 110만 원을 묶었다. 일단 이런 식으로 매달 은행가는 즐거움을 맛보니 인터넷뱅킹보다 직접 통장을 개설하러 가는 것을 선호하게 됐다.

예금풍차를 하면 확실히 돈을 절약할 수 있다. 이번 달에 얼마가 남을지는 오로지 전 달의 카드대금에 영향을 받기 때문이다. 그래서 카드를 덜 쓰고 물건을 살 때도 꼭 필요한지 한번 더 생각하게 된다. 예전에는 아이들이 용돈을 받아 오면 내가 쓰고는 했는데, 이제는 그 돈으로 풍차를 돌리려고 꾹 참고 모으고 있다. 내 목표는 3년에 1억 원을 모으는 것이다. 성과급을 받으면 그것 역시 예금풍차에 묶어 둘 것이기 때문에 터무니없는 목표는 아닐 것이라 생각한다.

친한 친구에게도 예금풍차를 추천했다. 좀더 일찍 시작했더라면 벌써 예금풍차 1년 치는 돌렸을 것이라 생각하니 아쉽기만 하다. 잠시 일을 쉬며 외벌이 부부로 살고 있지만 이렇게 저축하는 재미를 붙이고 나니 다시 일을 시작해서 돈을 더 많이 벌어야겠다는 생각마저 든다. _김지원(가정주부, 33세)

돈 돌아가는 모습이 보이니 더욱 신이 난다__ 누나의 권유로 처음 예금풍차 돌리기를 시작했다. 별다른 재테크를 하고 있지 않았던 나는 비상금을 몽땅 CMA통장에 넣어 두고는 했었다. 언제 어떻게 쓸지 모르는 돈이라 1년짜리 예금에 돈을 묶어 놓기에는 부담스러웠기 때문이다. 당시 내가 하는 재테크라고는 CMA를 개설할 때 직원이 추천해 준, 다달이 10만 원씩 투자하는 펀드가 전부였다. 그러던 중 누나가 CMA보다 수익률이 높고 지루하지 않으면서 안전하게 투자할 수 있다며 예금풍차를 알려줬다.

다달이 넣는 적금이나 펀드와는 다르게 예금풍차를 돌리니 돈이 모이는 모습이 정말 잘 보였다. 예금 만기일이 돌아오면 월급을 받는 것처럼 신이 났다. 입사하고 처음 3년 동안 모은 돈이 500만 원 정도 되는데, 예금풍차를 시작한 뒤 3년 동안은 그 전보다 열 배 이상 모은 것 같다. 조금 더 일찍 예금풍차를 시작했더라면 지금쯤 1억 원도 모을 수 있지 않았을까 하는 아쉬움이 남지만 지금이라도 시작한 것을 다행으로 여기고 있다.

가장 어려웠던 점은 초반에 만기일을 자꾸 잊었다는 것이다. 지금은 다이어리에 기록을 잘 해 놓고 있다. 무리하게 대출을 받아서 주식이나 부동산에 투자를 하는 사람도 많지만 나는 위험을 감수하면서까지 모험을 할 생각은 없다. 당장은 차분하게 돈을 모으는 재미를 느끼다가 목돈이 어느 정도 모이면 새로운 계획을 세울 생각이다. _박준식(회사원, 33세)

수입이 일정하지 않은 사람에게도 유용하다

나는 프리랜서라서 수입이 일정하지 않다. 매월 수입이 생기는 날짜와 금액이 다르기 때문이다. 어떻게 하면 일정치 않은 수입을 효과적으로 관리할 수 있을까 생각하던 차에 알게 된 것이 바로 예금풍차다.

우선 국민은행 스마트폰 어플로 그달 들어오는 금액을 1년 만기 예금계좌에 넣었다. 국민은행 스마트폰 예금의 경우 1년 예치 시 최소 4퍼센트의 이자를 받을 수 있어서 웬만한 저축은행 금리를 받을 수 있다. 그리고 24시간 아무 때나 계좌를 만들 수 있어서 따로 은행에 가지 않아도 된다는 장점과 시간에 구애받지 않는다는 장점이 있다. 또 한 달에 한 번 새 계좌를 만들 때도 있고 많게는 세 개의 계좌를 만들 때도 있었다.

예전에는 생활비를 쓰고 남은 돈을 적금이나 예금에 넣었다면, 지금은 계좌를 신설하는 맛에 빠져 예금부터 하고 나머지 돈으로 생활비를 충당한다. 생활비가 조금씩 남으면 그때는 자유적금에 넣고 그것이 어느 정도 목돈이 되면 또 예금에 넣어서 예금풍차를 돌린다. 예금풍차를 시작하고 나서는 재테크에 대한 자신감이 생겼다. 조금 더 일찍 예금풍차 돌리기를 시작하지 못했던 것이 무척 아쉽다. _ 김보현(방송작가, 35세)

저자 서문

'행복한 부자'가 되려거든, 예금풍차를 돌려라!

곰곰이 생각해 보면 이 글은 "은행원은 자기 돈을 어떻게 관리하나요?"라는 한 고객의 물음에서 출발했다. 처음 질문을 받았을 때는 도대체 뭐라고 대답을 해야 하나 당황스러웠다. 나는 고객의 자산을 상담하는 것에 익숙했지, 나의 자산이나 재테크 방법에 관해 설명하는 것은 능숙하지 않았던 것이다.

그런데 황당무계하다고 생각했던 그 질문이 마트에서 장을 볼 때면 불쑥불쑥 떠올랐다. 수박을 하나 사도 사장님만의 '맛있는 수박 감별 노하우'가 궁금했고, 고기를 한 근 사도 정육점 아저씨만의 '싱싱한 한우 구별법'을 묻고 싶어졌다. 이러한 생각이 반복되다 보니 어쩌면 은행 창구에서 은행원을 바라보던 그 고객도 은행원이 꼽는 '최고의 금융상품' 같은 것이 궁금했을 수도 있겠다 싶었다. 고객이 궁금해할 만한 것들을 찾아보고, 그것을 솔직하게 풀어 나갈 때 금융 현업자로서 정말 진솔한 이야기를 나눌 수 있겠다는 생각이 들었다. 지금까지의 재테크 책들은 자산관리 전문가가 다양한 금융상품을 설명하고 관리 방법을 독자에게 제시하는 것이었다. 그러나 이번에는 반대로 독자가 자산관리 전문가에게 궁금해할 만한 것들을 취합하고, '금융 현업자들이 실제로 자신의 돈을 어떻게 굴려 나가는지'를 알려 주기로 했다.

이 책을 쓰기 위해 은행 동료들과 선배님들, 자산운용사와 증권사, 보험사에 근무하는 지인들과 수십 번 만나고 수백 통의 전화 인터뷰를 했다. 그러나 금융 현장에서 수년, 수십 년을 누볐던 그들의 감사한 협조를 통해 내린 결론은 나를 적잖이 당황스럽게 했다. 현업자들조차도 다양한 금융상품과 재테크 기법의 홍수 속에서 혼란스러워하기는 마찬가지였던 것이다. 정보를 몰라서가 아니라, 매일 코앞에서 접하는 지나치게 많은 신상품과 새로운 재테크 기법에 적잖은 회의감을 갖고 있었다. 그럼에도 불구하고 모두 한목소리를 내어 강조하는 몇 가지 공통점들이 있었다.

이 책에서 풀어 나가게 될 이야기는 모두 이 공통점들과 관련이 있다. 이미 낌새를 알아차린 독자들도 있겠지만, 이 공통점들은 모두 '절약 · 저축 · 투자'라는 재테크의 기본적인 개념에서 출발한다.

돈을 손쉽게 불릴 수 있다고 주장하는 재테크의 여러 기법들을 다룬 재테크 책들과 인터넷에서 찾을 수 있는 정보들을 통해, 재테크에 관심 있는 사람들은 이미 준전문가라는 칭호가 아깝지 않을 만큼 똑똑해졌다. 하지만 화려한 재테크 기법에 대해서는 잘 알고 있어도, 재테크의 기본이라 할 수 있는 절약·저축·투자의 3단계를 따라 돈을 관리하는 사람은 많지 않다. 심지어 손쉽고 빨리 돈을 불릴 수 있는 기법에만 관심을 두기 때문에 재테크에 실패하는 사람도 많다.

이 책에서 중심으로 설명하는 '예금풍차'는 앞서 설명한 재테크의 기본 3단계를 충실히 따르는 재테크 기법이다. 또한 누구나 당장 실천할 수 있으며, 안정성이 매우 높은 기법이다. 현업에 있는 사람들과 인터뷰를 하면서 예금풍차에 대해 설명하면 호기심 어린 목소리로 '어? 그런 게 있어? 그거 괜찮은데?'라고 말하는 사람이 대부분이었다.

예금풍차의 원리를 간단히 설명하자면, 예를 들어 1월에 월급을 200만 원 받으면 그중 100만 원은 정기예금을 개설한다. 2월이 되면 100만 원짜리 정기예금을 또 하나 개설한다. 3월이 되면 100만 원짜리 정기예금을 또 만든다. 그렇게 1년이 지나면 100만 원짜리 정기예금이 열두 개가 생긴다. 맨 처음 개설한 정기예금의 만기일이 돌아오면 해지한 예금의 원금과 이자를 그대로 다시 신규 정기예금을 개설해 집어넣는다. 물론 새로 받은 월급의 저축액까지 함께 추가불입해서 말이다(2년차 정기예금 가입액=1년차 원금+이자+2년차 추가불입액). 아마 1년이 지나면 월급이 조금 오를 테니 추가불입하는 저축액도 그만큼 늘려 나가면 된다. 그렇게 매달 정기예금을 해지하고 추가불입하며 매년 열두 개의 정기예금을 불려 나가는 과정을 속칭 '예금풍차 돌리기'라고 일컫는다.

예금풍차는 원금과 이자를 그대로 예치함으로써 '복리 효과'를 누릴 수 있고, 자금이 열두 개의 정기예금으로 쪼개져 있는 만큼 유동성 확보가 뛰어나다. 금리가 높을 때와 낮을 때 모두 예금에 가입하므로 '금리 평준화 효과'도 누릴 수 있다. 무엇보다 정기예금을 기본 상품으로 이용하므로 리스크는 적고 안정성이 높다. 매달 이자를 수령하는 기쁨 때문에 급여의 소중함을 피부로 느껴 더 열심히 회사를 다니게 되었다는 이야기도 들었다.

자산운용사에 근무하는 한 지인은 증시 거품기에는 예금풍차로 종잣돈을 모으다가 증시가 폭락한 후 열두 개의 정기예금을 하나씩 해지하는 방식으로 주식에 투자하면 저점을 예측하기 힘든 주식 시장에서 자연스럽게 분할매수가 될 것이라며 기뻐했다. 증권사에 근무하는 지인은 펀드를 이런 방식으로 가입하는 '펀드풍차'도 있다며 새로운 정보를 알려 주기도 했다.

예금풍차는 최소한 수십만 원은 있어야 된다고 여길 수 있지만, 반드시 정기예금을 이용하지 않아도 몇 만 원으로도 시작할 수 있다. 예금풍차를 정기적금으로 시작할 경우 훨씬 부담 없이 시작할 수 있고, 저축액도 차차 늘려 나갈 수 있다. 예를 들어 첫 달에 3

만 원짜리 정기적금을 가입하고 매달 3만 원씩 자동이체를 설정해 놓는다. 둘째 달에도 또 3만 원짜리 정기적금을 가입하고 자동이체를 설정하고, 셋째 달에도 또 3만 원짜리 정기적금을 가입한다. 이렇게 하면 첫째 달에는 3만 원, 둘째 달에는 6만 원, 셋째 달에는 9만 원으로 매월 저축액이 차차 늘어난다. 그렇게 12개월이 지나면 매월 한 개씩 원금 36만 원의 정기적금 만기가 돌아오는데, 그때부터 매월 급여를 추가로 불입하면서 본격적인 예금풍차 돌리기를 시작하면 된다.

돈이 돈을 불러오기 때문에 부자는 더 부자가 된다는 말도 있지만, 결국 그 돈도 작은 돈이 점점 불어나며 만들어진 것이다. 자수성가형 부자 중에 아주 적은 돈이라고 해서 소중히 여기지 않는 사람을 본 적이 없다. 한번에 목돈이 뚝 떨어지기를 바라는 것보다는 내가 가진 적은 돈부터 소중히 아끼고, 모으고, 불려 나가는 것이 더 빨리 경제적 자유를 얻는 비결이다.

어떠한 방식으로든 예금풍차를 잘만 활용한다면, 그것은 우리가 종잣돈을 마련하는 매우 쉽고 빠른 시스템 중 하나가 될 것이다.

저자로서 바람이 있다면, 이 책을 읽은 독자들이 예금풍차를 자유자재로 다룰 수 있게 되어 '행복한 부자'의 꿈을 하루라도 빨리 이루었으면 좋겠다. 이것이 내가 『예금풍차를 돌려라』라는 책을 쓰게 된 진짜 동기다.

마지막으로 한 줄도 제대로 쓰지 못하고 절망하던 나를 뜨겁게 격려해 준 남편과 예쁜 딸에게 무한한 사랑을 전한다. 한 글자를 적더라도 진심을 담으라며 책이 나아가야 할 방향을 잡아 주신 부모님께도 깊이 감사드린다. 김승수 지점장님, 최민식 부지점장님, 선경 언니를 비롯한 지점 식구들, 임의단체 연옥, 경아, 혜리, 혜경, 은영, 지혜와 14기 동기들, 은행 선배님들의 응원이 없었다면 이 책은 결코 탄생할 수 없었다. 이 책을 위해 함께 뜨겁게 기도해 준 수현 언니, 아이디어를 불어넣어 준 지윤 언니와 항상 곁을 지켜 준 오랜 친구들과 일일이 이름을 거론할 수 없는 지인들에게도 이 기회를 빌려 깊은 존경과 감사를 전한다. 원고의 가능성을 믿고 나보다 더 많은 정성을 쏟아 주신 21세기북스 김영곤 사장님과 심지혜 팀장님, 장보라 대리님, 윤홍 편집자님과 다른 모든 관계자분들께도 진심으로 감사드린다.

    리스크가 적으면서도 수익률은 높고 지루하지 않으면서도 안전하며, 금리에는 크게 구애받지 않으면서 유동성 확보마저 뛰어난 예금풍차! 이러한 장점을 두루 갖춘 예금풍차가 실제로 어떻게 실행되는지 궁금한 독자들은 이제부터 이 책의 주인공 '이주인 대리'의 즐겁고 유익한 재테크 이야기에 귀기울여 주기를 바란다.

등장 인물 소개

이주인 대리

6년차 은행원. 대학 시절부터 집안의 실질적 가장으로 아르바이트를 하며 열심히 살아왔다. 어느 날 은행에 취업한 지 6년이 지났지만 학자금 대출을 갚고 결혼자금과 전세자금을 대느라 모아 놓은 돈이 한 푼도 없음에 좌절한다. 하지만 우연히 알게 된 예금풍차를 통해 저축의 기쁨을 깨닫고 목돈 모으기에 성공한다.

최다산 팀장

이 대리가 있는 지점의 상품판매창구 담당 팀장. 어려운 가정 형편 때문에 결혼도, 아이를 갖는 것도 두려워한 적이 있었다. 그러나 예금풍차를 이용한 꾸준한 저축과 끊임없는 자기 계발 덕분에 재테크에 크게 성공했고, 아들 셋과 딸 하나를 두고 풍족한 생활을 영위하며 행복하게 살고 있다. 이 대리가 예금풍차를 시작하는 데 구체적인 지침을 알려 주는 실질적 멘토다.

장절친 대리

이 대리의 입사 동기이자 절친한 친구. 이 대리가 재테크 때문에 크게 괴로워하자 이 대리에게 예금풍차를 알려 주고 최 팀장과 왕 계장을 소개한다.

왕수재 계장

장절친 대리의 소개로 알게 된 은행 후배. 하버드 대학교를 졸업한 우수한 인재로서 오로지 한국에서 일하고 싶다는 일념 하나로 돌아왔다. 대한민국 1등 은행의 최연소 행장이 되겠다는 포부를 갖고 회사 생활과 재테크 모두에 최선을 다한다. 쓸 것 다 쓰면서도 입사 5년 만에 1억을 저축하여 이 대리의 부러움을 산다.

CONTENTS

추천의 글 ・004
저자 서문 ・010
등장 인물 소개 ・016

PART 1 6년의 직장생활, 통장 잔고는 0원

6년차 은행원, 이 대리의 자산 현황 ・023
더 이상 이렇게 살 수는 없어! ・038
은행 최고의 재테크 고수를 찾아라 ・042
복리의 마법 ・046
30-30 인터넷 가계부 만들기 ・055
미래 지향형 가계부 작성법 ・062
인터넷 가계부 제대로 활용하기 ・067
작전명: 록펠러의 회계장부 A ・079

PART 2 예금풍차를 돌려라

저축과 행복의 상관관계 ・091
예금풍차가 뭔가요? ・101
다시 꿈이 움트다 ・110
한 달에 하나, 1년 열두 개의 정기예금 ・113
재테크 워밍업 ・117
예금풍차는 함께 돌려야 제맛! ・125
재테크 루키, 왕 계장의 고백 ・130
누군가 해냈다면 나도 할 수 있다 ・136
기업 경영에도 효과적인 예금풍차, 금융상품 PPM ・145

PART 3 예금풍차로 재테크 고수 되기

저축하는 날만을 손꼽아 기다리며	• 155
미래를 위한 든든한 보험, 다 잘될 거야!	• 162
자산의 가치를 높인다는 것의 진짜 의미	• 165
더 빛나는 미래를 위하여	• 171
예금풍차의 궁극적인 목표	• 177
예금풍차가 준 가장 큰 선물	• 180
누군가의 멘토가 된다는 것	• 186
행복하고 발전적인 삶의 원동력	• 192

PART 4 10년에 두 번 오는 태풍 수익 기회를 잡아라

예금풍차 2주년	• 199
우리가 잡아야 할 세 번째 W의 기회	• 204
구조는 전략을 따른다!	• 215
1년 365개의 경제신문 뽀개기	• 222
한꺼번에 많은 동료를 얻다	• 231
이 대리, 행복으로 물들다	• 240
고수는 멈춰야 할 때를 놓치지 않는다	• 246

부록 현직 은행원이 알려 주는 재테크의 진실 • 252
추천 도서 • 282

PART 1

6년의 직장생활, 통장 잔고는 0원

예금풍차를 하면 돈의 소중함을 피부로 느끼게 돼.
신경 쓰지 않아도 돈이 저절로 모이니 업무에 집중할 수 있고,
사는 건 더 재미있어질 수밖에.
나도 지금까지 슬럼프 없이 즐겁게 회사 생활을 할 수 있던 게
다 예금풍차 덕분인 것 같아.

6년차 은행원,
이 대리의 자산 현황

은행 폐점 시간이 되어 셔터는 내려갔지만 지점 안은 여전히 북적거렸다. '띠리링' 하고 이 대리의 전화기가 울렸다. 웬만한 일이 아니고서는 마감 시간 전에 남편에게 전화한 적이 없는 아내의 호출이었다.

몇 년 전부터 대형 병원에서 정기적으로 심장 검진을 받고 있는 어머니의 목소리가 수화기 너머로 들렸다. 호흡 곤란이 올 만큼 몸이 안 좋아지자 부랴부랴 짐을 싸서 아내를 불러 급히 병원으로 왔다고 했다.

이 대리는 병원에 도착하자마자 잠시 할 말이 있다는 아내의 말에 함께 병실 복도로 나왔다.

"의사 선생님이 어머님 당장 심장 수술을 하셔야 된대. 이번에는 힘든 수술이라 비용이 만만치 않다고 미리 준비해 놓으라고 하더라고."

남편이 은행원이라는 이유로 모든 재정 관리를 이 대리에게 맡기고 있는 아내의 목소리에는 걱정이 가득했다.

"그래."

담담하고 태평한 듯 보였지만 이 대리의 마음은 맷돌에 이긴 메주처럼 무거웠다.

'결혼하면서 갖고 있던 예금도 다 깼고, 통장에는 당장 생활비밖에 없는데, 원금 찾기 전까진 절대 해지하지 않으려던 반 토막 난 펀드라도 해지해야 하나? 아차! 이제 곧 전세 만기가 돌아오지! 전세금 올려 달라고 할 게 분명한데 어떡하나. 어머니 앞으로 보험 들기 전에 내용을 꼼꼼히 확인했어야 하는데…… 하필 어머니 수술이 보장예외인 걸 확인하지 못하다니…….'

이리저리 급전을 마련하기 위해 머리를 굴려 보았다. 어머니의 건강보다 수술비 걱정이 더 앞섰다. 명색이 매일 돈을 만지는 은행원을 아들로 둔 어머니에게 몇 억도 아닌, 몇 천만 원 하는 수술비 때문에 고심하는 모습을 보여 드릴 수는 없었다. 다시 병실로 돌아가 고새 잠든 어머니의 손을 부드럽게 잡았다. 병실 TV 뉴스에서 비가 오는 궂은 날씨에도 월가에 모여 플래카드를 들고 시위 중인 노란머리의 미국 젊은이들이 보였다. 이 대리의 마음에도 자기 스스로를 성토하는 온갖 플래카드들이 난동을 부렸다. '이 대리, 34

년 동안 뭐하고 살았나?' '6년차 은행원이 재테크는 어떻게 하고 사는 거야?'라는 큼지막한 글씨들이 뒤통수를 후려쳤다. 투둑투둑 점점 커지는 빗방울은 월가뿐만 아니라 이 대리의 마음속도 함께 적셔 왔다.

하필 오늘은 은행의 대대적인 인사이동이 있는 날이었다. 저녁 7시 퇴근 시간에 맞추어 인사이동 공문이 사내 홈페이지에 게시되었을 텐데 병원으로 달려오느라 깜빡 잊고 있었다. 그때 이 대리의 휴대전화가 울렸다.

"이 대리님, 장 대리님이 다른 지점으로 발령 나셨어요. 지금 회식 중인데, 혹시 오실 수 있으세요?"

지점 내에서 이 대리와 가장 코드가 맞았던 장 대리였다. '척하면 탁'이라고 마음도 잘 맞고 가장 의지하던 친구였는데 이렇게 헤어지다니. 한 지점에 3년 이상 근무하면 인사이동 대상이 되는 건 알고 있었지만 설마 절친인 장 대리가 이렇게 쉬이 떠날 줄은 몰랐다. 이 대리는 어머니가 잠든 사이 잠깐 장 대리에게 인사만이라도 건네고 싶어 회식 자리인 고깃집을 향해 운전대를 잡았다.

+

"사랑한다, 이 대리! 보고 싶을 거야!"

이미 소주 한 병은 거뜬히 해치운 듯, 목까지 벌겋게 달아오른

장 대리가 이 대리를 와락 껴안으며 외쳤다.

"제수씨가 아이 빨리 갖고 싶다고 했댔지? 너 쏙 빼닮은 아들딸 하나씩 낳아서 행복하게 잘살아라. 영화배우 뺨치는 아름다운 제수씨에, 토끼 같은 아이들까지 갖겠구나. 부럽다, 이 대리, 이 자식!"

아직 싱글인 장 대리는 대학교에서도 퀸카로 이름을 날렸던 미모의 아내를 둔 이 대리를 퍽 부러워했다. 이 대리도 결혼하기 전에는 사랑하는 아내가 원하는 것이라면 무엇이든지 들어주고 싶었고, 결혼만 하면 당장 허니문베이비라도 가질 기세였다. 하지만 결혼은 현실이라고 하지 않던가. 베이비푸어 가정이 만연하는 요즘, 준비 없이 2세를 갖는 건 무모한 모험일 뿐이었다.

이 대리는 병원 간이침대에 쪼그려 누워 잠들어 있을 아내를 생각하니 회식 자리에 오래 머물 수가 없었다. 차에 시동을 걸고 헤드라이트를 켰다. 눈이 부셨다. 기분 탓일까. 가슴이 먹먹해지더니 헤드라이트의 노란 불빛이 눈앞을 온통 뒤덮었다. 마치 까만 하늘을 수놓은 노란 별들이 모두 손에 손을 잡고 지상에 내려와 온 세상을 빼곡히 채운 듯했다.

✢

새로 부임한 지점에 어느 정도 적응을 한 장 대리가 이 대리와 단둘이 만날 약속을 잡은 건 발령 후 3주가 지난 뒤였다. 성격 좋고 싹싹한 장 대리는 그곳에서도 인기 만점인 듯했다. 이 대리는 어머니 입원을 계기로 아내와 현재의 가계 재정 상태를 100퍼센트 오픈했다. 결국 아이는 몇 년 뒤에 갖기로 결론을 내렸다. 아내는 내색하지 않았지만 꽤 상처를 받은 눈치였다. 시원시원한 외모와는 다르게 심성이 여린 그녀였다. 지나가는 아이들만 봐도 눈을 떼지 못하는 아내를 보며 이 대리는 가슴 한 구석이 저려오는 것을 느꼈다.

장 대리는 이미 커피숍에 도착해 자리를 잡고 앉아 있었다. 술을 좋아하는 그답지 않게 커피도 아닌 코코아를 호호 불며 마시는 모습이 마치 초등학생 같았다. 새로 발령 난 지점에서 담당 팀장의 눈에 들기 위해 매일 아침 7시에 출근한다고 했다. 그것이 술이 아닌 코코아를 마시며 컨디션을 조절하는 이유였다. 은행 내에 지인도 많고 인맥도 탄탄한 장 대리는 호탕한 성격과는 다르게 실제로는 무척 꼼꼼한 재테크 고수로 정평이 나 있었다. 그는 쓸 때는 과감히 쓸 줄 알지만 아낄 때는 지독하게 아끼는 자린고비였다. 방금 코코아를 주문하고 받은 커피숍 쿠폰을 들고 두 번만 더 마시면 커피 한 잔이 공짜라며 이 대리에게도 쿠폰 만들 것을 강력하게 권유했다. 쿠폰 같은 건 모아 본 적도 없을뿐더러 모을 생각도 없는 이 대리는 장 대리가 내미는 쿠폰을 테이블 한쪽으로 밀어버렸다.

'그깟 커피 한 잔, 안 먹으면 그만이지 뭘.'

지금 이 대리에게 필요한 건 몇 천만 원이지, 3000원짜리 커피

한 잔이 아니었다.

"너 푼돈 아낄 줄 모르면 평생 목돈 손에 못 쥔다."

"예끼! 1000원, 2000원 아낀다고 뭐가 달라지냐?"

"너 하루에 1000원씩 아껴서 저축하면 10년이면 365만 원이야. 365만 원이면 요즘 대학교 한 학기 등록금이다. 너랑 네 와이프랑 하루에 1000원씩만 저금하면 10년 뒤에 730만 원이지. 그렇게 10년만 더 하면 1460만 원이고. 이 돈이면 둘이서 한 달 동안 유럽 여행도 갔다 올 수 있다고. 그리고 나는 결혼하면 예쁜 에스프레소머신을 장만해서 아내와 함께 집에서 커피를 내려 마실 거야. 《워싱턴포스트》에 실린 기사를 하나 봤는데, 스타벅스 커피 대신 회사나 집에서 커피를 내려 마시면 30년간 이자를 포함해서 약 5만 5000여 달러를 절약할 수 있대. 이게 우리 돈으로 환산하면 무려 5500만 원이라고. 난 이렇게 1000원, 2000원씩 절약한 돈을 모아서 결혼 20주년에 와이프랑 해외여행 갔다 올 거야. 결혼 20주년에 단둘이 떠나는 한 달간의 유럽 일주! 멋지지 않냐?"

"야야, 여자 친구도 없으면서 20년 뒤 결혼기념일 여행까지 계획하냐? 일단 결혼부터 하시라고요. 그런데 새로 간 지점은 어때? 할 만해?"

"응, 괜찮아. 사람들도 다 좋고. 생각보다 빨리 적응했지."

"그래, 다행이다."

"맞다. 그런데 내가 하던 법원문서 업무는 누가 인계받았어?"

"법원문서 업무? 내가 인계받았는데, 왜?"

지점 내에서 법원문서 업무는 서로 하기 싫어하는 업무 중 하나다. 고객이 캐피탈회사나 저축은행 혹은 개인 등에게 대출을 받고 완제하지 못하면 법원에서 고객의 은행 계좌로 압류 명령이 떨어진다. 대부분 잔고가 이미 0원인 상태이지만, 간혹 잔액이 남아 있는 경우 은행은 제3채무자로서 압류된 돈을 채권자에게 강제지급해 줘야 한다. 이 사이에 채무자가 되어버린 고객은 자신의 계좌가 압류당했다는 사실에 첫 번째로 불쾌해하고, 이 돈을 주거래은행에서 강제지급 해버렸다는 사실에 두 번째로 화가 나기 마련이다. 채권자와 고객 양쪽과 직접 연락하며 제3채무자로서 이 모든 과정을 책임지는 것이 바로 법원문서 담당자가 하는 일이다.

"이 대리가 맡은 거야? 그럼 그 업무하면서 뭐 느끼는 거는 없었어?"

"인계만 받았지 아직 업무 시작은 못 했어. 다른 급한 것들이 많이 밀려 있어서 이제 시작하려고 했지."

"아, 그랬구나. 내가 정신 차리고 지독하게 저축을 시작한 때가 아마 법원문서 업무를 맡고부터일 거야. 처음에는 그냥 너무 하기 싫어서 다른 일 다 끝내고 마지막에 억지로 하는 업무 중 하나였는데, 지금 와서 생각해 보면 내가 은행에 입사하고 그 업무를 일찍 맡을 수 있었던 점이 축복이었던 것 같아. 돈이란 것이 목표를 갖고 독하게 관리하지 않으면 어디론가 줄줄줄 새 나가고, 모으지 못할 뿐만 아니라 잘못하면 결국 파멸에 이를 수도 있다는 걸 깨달았지."

"그래? 왜 그런 생각이 들었는데?"

"한번 직접 맡아서 해봐. 이 대리도 내 말이 조금은 이해가 될 거야."

+

3주 동안 밀려 있던 법원문서들이 손가락 두 개를 포개어 놓은 만큼 쌓여 있었다. 영업 시간이 끝난 뒤, 이 대리는 서류를 한 장 한 장 살펴보고 고객에게 직접 안내 전화를 하며 강제지급 절차를 진행했다. 채권자는 채권자대로, 고객은 고객대로 잔뜩 화가 나 있었다.

그때 이 대리는 서류를 보며 놀라운 사실을 하나 알아채고는 등골이 오싹했다. 지금은 신용불량자가 된 고객이 한때는 이 대리와 다름없는 건실한 직장인이거나 사업주였던 것이다. 어쩔 수 없는 사정 때문에 잠깐 대출을 받았는데, 만기까지 완제하지 못하자 눈 깜짝할 사이에 신용불량자라는 굴레에 갇힌 것이다. 이 대리의 어머니는 다행히 건강이 호전되어 당분간은 수술이 필요 없다는 진단을 받고 안도의 한숨을 내쉬었지만 언제 다시 입원하게 될지 모를 일이었다. 이 대리에게는 모아 놓은 돈도 없었다. 금융자산은 확실한 마이너스 상태였다. 이 상태에서 급작스럽게 회사에 구조조정 바람이 불어 명예퇴직자 명단에 이름이 올라가기라도 한다면? 상상만 해도 끔찍했다. 이 대리의 얼굴이 점점 일그러졌다. 눈썹은 심술이라도 난 것처럼 위로 한껏 올라갔고, 입술은 금방이라도 울 것처럼 아래로 축 처졌다.

이 대리는 퇴근길에 편의점에 들러 홍차라떼 한 잔을 마시며 장 대리에게 전화를 걸었다. 요 며칠 밀린 법원문서를 처리하며 머리부터 발끝까지 얼어붙었던 경험을 고백했다. 자신의 현 상황도 솔직하게 털어놓았다. 그리고 이 상황에서 벗어나려면 무엇부터 해야 하는지 자문을 구했다. 그러자 장 대리는 이 대리에게 반드시 해 주고 싶은 이야기가 있다며 토요일 아침 일찍 지점 근처 놀이터에서 보자고 했다.

+

토요일 아침, 먼저 도착한 이 대리는 시소 끝에 걸터앉았다. 시소의 타이어 받침을 발로 툭툭 건드리니 미세한 모래 먼지가 일었다. 하늘이 유난히 맑았다. 오랜만에 공원에 나와 신선한 공기를 들이마시니 머릿속도 한결 맑아지는 듯했다.

이윽고 약속 시간이 되어 장 대리가 도착했다. 이 대리는 장 대리에게 그동안 고민해 왔던 미래에 대한 불안감과 걱정을 솔직하게 털어놓았다. 그제야 비로소 답답하게 쌓여 있던 가슴속 체증이 뻥 하고 시원스레 뚫린 기분이었다.

"이 대리, 돈 걱정 없이 행복해지고 싶어?"

"물론이지."

"내가 평생 돈 걱정 없이 살 수 있는 비법 하나 알려 줄까?"

"뭐? 정말 그런 게 있단 말야?"

"응, 딱 한 가지 있어."

이 대리의 시선이 장 대리의 입에 집중됐다. 장 대리는 진지한 어조로 힘주어 두 글자를 말했다.

"저! 축!"

이 대리는 김이 팍 샜다.

"에이! 뭐야, 장 대리. 지금 나 놀려? 내 월급이라야 뻔할 뻔자인데. 평생 한 푼도 안 쓰고 저축해 봤자 별것도 아닐 거다. 차라리 로또 당첨되는 비법 같은 걸 알려 달라고."

이 대리의 비아냥에도 장 대리는 조금의 미동도 없이 말을 이어 나갔다.

"이건 그냥 저축이 아냐. 혹시 '예금풍차 돌리기'라고 들어 봤어?"

"예금풍차 돌리기?"

이 대리는 예금으로 어떻게 풍차를 돌린다는 말인가 하는 의구심에 귀가 쫑긋했다. 은행 내에서도 재테크의 고수로 평이 자자

한 장 대리가 처음으로 꺼낸 이야기였기에 마냥 장난으로 여길 수는 없었다.

"내 인생은 예금풍차를 시작하기 전과 후로 나뉘어."

"언제 시작했는데?"

"5년 전쯤? 법원문서 업무를 맡은 지 석 달 정도 지났을 때였던 것 같아."

예금풍차가 도대체 뭐기에 장 대리는 자신의 삶이 변했다고까지 하는 것일까.

"당시 내 통장 잔고는 0원이었어. 친구들에게 회사 입사 턱 내느라 간의 알코올 수치는 점점 높아지고, 통장 잔고는 차차 바닥나고 있었지. 그러다가 법원문서 업무를 보면서 더 이상 이렇게 대책 없이 살아서는 안 되겠다고 정신이 퍼뜩 든 거야. 이렇게 살다가는 대출 없이 집 한 채 마련하기도 힘들뿐더러, 아차 하면 노후 대책도 마련하지 못한 채 회사를 그만 둘 수 있겠다는 걸 깨달은 거지."

장 대리의 미간이 찌푸려졌다. 무언가를 골똘히 생각할 때마다 나타나는 습관이었다. 입사 후 동기들 중 가장 많은 자산을 축적한 것으로 소문이 자자한 장 대리에게도 통장 잔고가 0원이었던 시절이 있었다는 사실에 이 대리는 내심 놀랐다.

"그 예금풍차라는 건 장 대리가 만든 거야?"

"아니, 나도 배운 거야."

"어디에서 배웠는데?"

"은행에서."

6년 전 함께 은행에 입사했지만 이 대리는 사내 연수 프로그램에서 예금풍차라는 것을 들어 본 적이 없었다. 그렇다고 그런 상품이 존재하는 것도 아니었다. 이 대리는 아무리 머리를 굴려 봐도 예금풍차 돌리기는커녕 예금 물레방아 돌리기도 생각나지 않았다. 대체 무엇일까? 같은 은행에서 6년을 함께 근무한 두 사람을 한 명은 재테크 고수로, 다른 한 명은 그저 그런 은행원으로 만들어버린 예금풍차란 것은……. 이 대리의 궁금증은 커져만 갔다.

"예금풍차는 어떻게 하는 거야?"

"나도 아직은 다 몰라. 지금은 2단계 중이거든."

"2단계? 단계별로 있는 거야?"

"응, 진짜 고수늘만이 한다는 3단계까지 있어."

이 대리는 자신도 예금풍차라는 것을 해 보고 싶다는 생각이 들었다. 그러나 이것저것 투자를 해 봤지만 항상 시기를 잘못 타고 들어가 큰 재미를 못 보았기에 선뜻 입이 떨어지지 않았다.

"위험한 것 아냐?"

"기본적으로는 원금이 보장돼. 원금 비보장 상품 가입 시에도 위험을 최소화할 수 있지."

"시간이 오래 걸리는 거야?"

"응, 인내가 필요하지. 하지만 절대 지루하지는 않아."

"나는 어머니도 편찮으시고, 아이도 낳아야 하고, 집도 마련해야 하고, 이곳저곳 돈이 많이 필요한데 힘들지 않을까?"

"절대 그렇지 않아. 예금풍차의 가장 큰 장점이 바로 유동성 확보거든. 필요할 때 손실을 최소화하면서 자금을 마련할 수 있지."

유동성 확보가 용이하면서 원금 손실을 최소화하고 목돈을 마련할 수 있다니. 도저히 불가능해 보이는 재테크 방법이었다.

"믿기 힘들겠지만 가능해. 기본 원리는 바로 나만의 포트폴리오를 만들어 복리 효과를 창출한다는 거야."

장 대리는 확신에 찬 명쾌한 어조로 대답했다.

"게다가 예금풍차를 한 대부분의 사람들이 은행 내에서 초고속 승진을 거듭했어."

"뭐? 예금하고 회사 생활하고 무슨 관련이 있다고?"

"예금풍차를 하면 돈의 소중함을 피부로 느끼게 돼. 더불어 급여의 귀중함도 함께 느끼게 되지. 신경 쓰지 않아도 돈이 저절로 모이니 업무에 집중할 수 있고, 사는 건 더 재미있어질 수밖에. 나도 지금까지 슬럼프 없이 즐겁게 회사 생활을 할 수 있던 건 다 예금풍차 덕분인 것 같아."

정말 그랬다. 장 대리는 늘 밝고 힘차고 즐겁게 회사 생활을 했다. 재테크 고수이면서도 인간관계도 매끄럽게 유지해 나갔고 사내 평판도 좋았으며, 인사고과가 뛰어난 것은 말할 필요도 없었다. 이 대리는 자신도 늦지 않았다면 지금이라도 그 예금풍차라는 것을 시작하고 싶었다.

"나도 배울 수 있을까?"

"그럼! 하지만 나는 이 대리에게 도움을 줄 수는 있어도 가르쳐 줄 수는 없어. 나도 '그분'의 가르침을 받는 것뿐이거든."

"그분?"

"응. 이 대리도 아는 사람이야. 그것도 아주 잘!"

이 대리는 자기도 알고 장 대리도 아는 사람 중에 그런 사람이 있었던가 하고 고개를 갸웃했다.

"이 대리의 최측근! 이 대리 자리에서 3미터 안에 계시는 분이야."

"뭐, 3미터?"

이 대리는 소스라치듯 놀라서 입을 쩍 벌렸다. 3미터라면 왼쪽으로 민 대리, 오른쪽으로 윤 과장, 그리고 뒷자리의 최 팀장, 이렇게 세 명뿐이다. 그 셋 중에 통장 잔고 0원의 빈털터리 장 대리를 은행 내 최고의 재테크 고수로 탈바꿈시킨 주인공이 있다는 말인가. 깜짝 놀란 이 대리를 뒤로하고 장 대리가 엉덩이에 묻어 있는 흙을 툭툭 털며 일어섰다.

"내가 줄 수 있는 힌트는 여기까지야. 건투를 빈다, 이 대리."

더 이상
이렇게
살 수는 없어!

객장 안은 오늘따라 유달리 붐볐다. 온라인계, 상품판매창구, 대부계, VIP룸 모두 고객이 꽉 차 있었고, 벨은 쉴 새 없이 딩동딩동 울려 댔다.

이 대리는 정수기 앞에 서서 물 한 잔을 들이켜며 객장 밖을 지켜보았다. 건조한 날씨 때문인지 유난히 목이 탔다. 이 대리 자신이 목이 마르니 고객들의 입도 바싹바싹 타들어 가는 것처럼 보였다.

'저 고객들은 다 무슨 볼일이 있어서 온 걸까?'

이 대리는 자리에 돌아와 앉아 '딩동' 하고 차임벨을 눌렀다. 그러자 은행 주변 편의점 네 개를 운영하고 있는 정운영 사장이 친근하게 눈웃음을 치며 자리에 앉았다.

정 사장은 편의점 아르바이트생에게서 수금한 현금을 들고 매일 온라인계를 방문했고, 한 달에 한두 번씩은 정기예금을 해지하거나 신규하러 이 대리가 있는 상품판매창구를 찾았다. 그렇게 자주 보는데도 이 대리는 정 사장을 대할 때마다 서먹서먹했다. 그는 올해 서른두 살로, 이 대리보다 두 살이나 어렸지만 월수입은 서너 배나 많았다. 현금 수금 말고는 딱히 할 일이 없는 덕분에 한 달에 한 번 정도 외국에 놀러 나갔다 오고는 했다. 이번에는 일본에 가서 정통 일본 라면을 실컷 먹고 왔다고 했다.

이 대리는 정 사장을 볼 때마다 자신이 인생을 헛 산 것은 아닌가 하는 회의감이 밀려왔다. 대학 때도 토익과 자격증 공부를 열심히 해서 최고의 복지와 연봉을 제공하는 은행에 입사했건만, 어린 정 사장 앞에만 서면 조라해졌다. 그래서 언젠가부터 정 사장을 응대하기가 싫어졌던 것 같다. VIP 고객이기 때문에 항상 웃는 얼굴로 맞이하기는 했지만, 어느 순간 이 대리의 입가에는 미소가 사라져버렸다.

'자꾸 왜 이러는 거야, 이주인! 너 언제부터 이렇게 찌질해진 거냐!'

인사이동 이후에 이 대리는 할 일이 몇 배나 많아졌다. 대규모 인원 감축 후에 이루어진 첫 인사이동이라 배정된 업무량은 상상을 초월했다. 올해가 가기 전에 구조조정이 또 한번 있을 것이라는 소문이 은행 내에 파다했고, 소문에 따르면 이번 인원 감축은 단지 전초전에 불과하다고 했다.

　새로 부임한 김 지점장은 발령이 나는 지점마다 높은 성과를 내기로 유명했다. 지지난해에는 전국 900등이던 지점을 6개월 만에 7등으로 올려놓은 입지전적인 인물이었다. 또한 되는 직원은 팍팍 밀어주지만 실력 없는 직원은 당장 다른 곳으로 발령을 내버릴 정도로 피도 눈물도 없다고 해서, '피고름'이라는 별명으로 통했다. 매일 아침 직원들이 돌아가며 신상품 발표를 하는데, 조금이라도 버벅거리면 바로 불호령이 떨어졌다. 김 지점장 사전에 '대충'이란 없었다.

　'왜 저렇게 뚫어져라 쳐다보는 거지?'

　이 대리는 지점장이 날카롭게 쳐다볼 때마다 등이 오싹했다. 이번에 명예퇴직 대상이 되면 이 대리만 믿고 있는 아내와 어머니의 얼굴을 어떻게 볼 것인가. 어떻게든 살아남아야만 했다.

　장 대리는 예금풍차를 시작한 모든 사람들이 회사에서 승진을 거듭하며 승승장구한다고 했다. 그러나 아무리 생각해도 저축과 회사 생활은 관련이 없을 것 같았다. 월급이 많은 것도 아니고, 지금 시작해서 언제 목돈을 모을 수 있을지 장담할 수 없었다.

　인스턴트 커피 한 봉지를 뜯어 종이컵에 쏟았다. 그리고 뜨거운 물을 붓는데, 문득 대학교 도서관에서 뽑아 먹던 자판기 커피가 떠올랐다. 취업 준비에 한창이던 그때는 국내 굴지의 대기업에 입사만 하면 모든 것이 탄탄대로일 줄만 알았다. 중학교 때 돌아가신

아버지 대신 어머니가 분식집 주방 일을 하며 이 대리를 키웠다. 간신히 대학교에 입학할 수는 있었지만 그 뒤로 죽 학자금대출로 등록금을 마련했다. 전단지 돌리기, 과외, 고깃집 서빙, 독서실 총무, 편의점 아르바이트, 건설 현장 막노동, 학원 강사 등 안 해 본 아르바이트가 없었다.

금융권은 학자금대출만 있어도 탈락시킨다는 소문에 은행 최종 면접을 앞두고 벌벌 떨었던 게 엊그제 같았다. 합격 통지 문자 메시지를 받고 세상을 다 얻은 것처럼 기뻐서 학교 교정을 미친 듯이 달리다 앞으로 고꾸라지기도 했다. 그런데 6년이나 지난 지금, 모아 둔 돈이 없었다. 학자금대출을 완제하고, 어머니에게 생활비와 용돈을 드리고, 나머지는 평소 사고 싶었던 것 다 사고, 먹고 싶있던 것 먹는 데 나 써버렸다. 아끼려면 아낄 수 있었지만 힘들었던 어린 시절의 기억 때문인지 팍팍하게 살고 싶지 않았다. 이 대리는 은행원으로서 고객 상담만 할 줄 알았지, 정작 본인의 재정이 어떻게 굴러가고 있는지는 전혀 파악하지 못했다.

'더 이상 이렇게 대책 없이 살아서는 안 돼.'

이 대리는 종이컵을 향해 떨궜던 고개를 꼿꼿이 세웠다. 장 대리가 일러 준 3미터 안에 있는 진짜 재테크 고수가 누군지 알아내야만 했다.

은행 최고의
재테크 고수를
찾아라

눈은 모니터를 응시하고 있었지만 이 대리의 촉각은 좌, 우, 뒤에 집중됐다.

'장 대리가 말한 재테크 고수는 과연 누구일까?'

이 대리는 상품판매창구 총책임자인 최다산 팀장에게 자꾸 눈길이 갔다. 최 팀장의 별명은 '화수분'이었다. 아이를 많이 낳아서 그런 별명을 얻기도 했지만, 끊임없이 돈이 생긴다는 의미의 별명이기도 했다. 시내 중심가에 있는 8층짜리 빌딩 소유주의 외아들이라는 소문이 돈 적도 있었다. 그래서인지 자식의 수가 부의 상징이 되어버린 요즘 세상에서 최 팀장은 아들 셋에 딸 하나를 두고도 전혀 버거워 보이지 않았다. 최 팀장은 실무를 보지는 않았지만 항상 금융 신상품에 관심을 갖고 열심히 공부했고, 틈만 나면 경제경영 서적을 탐독했다. 나이는 마흔이 넘었지만 기억력과 체력 면에서는 웬만한 20대보다 나았다.

'셋 중에는 최 팀장님이 유력한데…… 그렇지만 팀장님과 함께 일한 시간만 6년인데 예금풍차에 대해서는 들어 본 적도 없어. 대부계에서 상판계로 이동한 민 대리인가?'

이 대리는 최 팀장일 거라고 추측하면서도 확신하지 못했다. 그러나 장 대리가 거짓말한 것이 아니라면 고수는 분명 이 세 명 중 한 명이 분명할 것이기 때문에 크게 괘념치는 않았다.

'그래. 혼자 고민만 하지 말자. 직접 물어보면 되지.'

영업 시간이 끝난 후 이 대리는 최 팀장 옆을 어슬렁거렸다.

"이 대리, 할 말 있어?"

"네. 팀장님, 혹시 언제 상담 좀 할 수 있을까요?"

"무슨 상담?"

"고민이 있어서요."

이 대리의 기습 상담 요청에 최 팀장은 퍽 긴장한 듯 보였다.

"지금 이야기해 봐."

이 대리는 궁금한 나머지 지금 당장 물어볼까 순간 고민했다. 그러나 만약 최 팀장이 확실하다면 예금풍차에 관해서 더 자세히 배우고 싶었다.

"팀장님, 정말 죄송한데요. 오늘 저녁에 많이 바쁘지 않으시다면 술 한잔 할 수 있을까요?"

이 대리가 일대일 단독 상담을 요청한 적은 처음이었기에 최 팀장은 이 대리에게 안 좋은 일이 있나 걱정되기 시작했다. 최 팀장은 흔쾌히 저녁 술자리를 승낙한 후 일찌감치 퇴근 준비를 했다.

"이주인, 끝나고 교무실로 와라."

고등학교 재학 시절에는 등록금이나 급식비가 한 달 넘게 밀릴 때마다 반복되는 담임 선생님의 호출이 소름끼치도록 싫었다. 가난이 얼마나 무서운 것인지 이 대리의 뇌리에 깊이 새겨져 있었다. 이 대리는 장 대리가 말한 재테크 고수가 최 팀장이 맞다면 예금풍차의 1·2·3단계를 모두 확실히 가르쳐 달라고 강력히 요청하리라 다짐했다.

"이 대리, 무슨 안 좋은 일이라도 있나? 어머님이 편찮으시다고는 들었네만……."

최 팀장의 목소리에는 근심이 가득했다.

"최근에 갑자기 안 좋아지셨다가 그래도 많이 나아지셨어요. 제가 오늘 이렇게 뵙자고 한 건 다름이 아니라…… 한 가지 여쭤보고 싶은 게 있어서요."

"그래, 이야기해 보게. 무척 궁금하네."

"최 팀장님, 혹시 예금풍차가 뭔지 아시나요?"

긴장해서 물만 꼴깍꼴깍 들이켜던 최 팀장은 그제야 긴장이 풀렸다는 듯 빙그레 미소를 지으며 입을 열었다.

"예금풍차? 그거야 내가 잘 알지. 허허."

"최 팀장님이 맞으시군요. 장 대리에게 들었어요."

"그래, 장 대리가 한창 방황할 때 예금풍차를 알려 줬지. 장 대리 입사하고 얼마 안 됐을 때니까 한 6년쯤 전일 거야. 그런데 이 대리는 재테크 잘하고 있지 않나? 왜 갑자기 예금풍차에 관심을 갖는 건가?"

"팀장님, 제가 지난 6년간 회사 생활하면서 모은 돈이 0원이에요. 가난 때문에 그렇게 고생했으면서도 정신을 못 차렸어요. 6년 동안 도대체 해 놓은 게 뭐 있나 싶어요. 아직 늦지 않았다면 지금부터라도 제대로 시작하고 싶어요."

최 팀장은 이 대리의 필사적인 눈빛을 읽을 수 있었다.

"그래, 무엇을 가르쳐 줄까?"

최 팀상의 명쾌한 대답에 이 대리는 막상 무엇을 물어봐야 할지 몰라 당황했다.

"전부요. 다 가르쳐 주세요."

"알았어. 이 대리가 이렇게 결연한 것을 보니 반드시 성공할 것 같네. 만약 이 대리가 예금풍차의 2단계까지 성공적으로 마친다면 나와 함께 찾아뵈어야 할 분이 있어."

최 팀장이 호칭을 높이는 것을 보니 연세가 많은 사람임이 틀림없었다. 이 대리는 누군지 궁금하면서도 일단 최 팀장의 호탕한 승낙을 받았다는 사실만으로도 하늘을 날 만큼 기뻤다.

복리의 마법

"이 대리는 뉴욕 맨해튼의 주인이 원래 누구였는지 아나?"

"글쎄요. 뉴욕의 주인은 뉴욕 시민들 아닐까요?"

"맞아. 하지만 약 400년 전 맨해튼 땅의 진짜 주인은 인디언들이었어. 1626년 미국의 초창기 이민자들이 24달러어치의 구슬과 장신구를 인디언들에게 주고 맨해튼을 통째로 사버린 거지. 그 땅이 1989년에는 땅값만 1000억 달러가 되어버렸어. 많은 사람들이 1000억 달러의 가치가 있는 맨해튼 땅을 단돈 24달러짜리 장신구에 바꿔버린 인디언들의 어리석음을 비웃었지만, 당대 최고의 펀드매니저였던 피터 린치만은 달랐네. 인디언들이 24달러어치의 장신구를 돈으로 바꾸어 연 8퍼센트의 채권에 복리로 투자했다면 피터 린치가 살던 1989년에는 약 32조 달러가 됐을 것이었기 때문이지. 피터 린치는 인디언들이 반드시 알아야만 했던 건 맨해튼 땅의 가치보다는 복리의 위대함이었음을 간파했던 거야."

복리 효과는 학창 시절 수학 시간에도 열심히 배웠고, 매일 판매하는 몇 가지 금융상품에도 포함되어 있었다. 최 팀장은 말을 계속 이어 나갔다.

"대부분 복리의 마법에 대해 적어도 한 번쯤은 들어 봤을 거야. 하지만 많은 사람들이 알면서도 복리 효과를 누리지 못하는 이유는 복리가 시간과의 싸움이기 때문이지. 미래에 대한 불안감, 의지 부족, 생의 짧음과 불확실성 때문에 사람들은 결국 미래보다는 현재를 선택하게 돼. 이걸 뭐라고 하더라……."

"팀장님! 저 알아요. 지난번 사내 연수 동영상에서 봤어요. 뵘 비베르크의 시간선호설! 맞죠?"

"하하! 맞아, 맞아. 이 대리, 기억력도 좋구먼. 바로 그 현재를 선호하는 성향 때문에 수익률 착시 현상이 일어나고는 하지. 이 대리, 수익률 착시 현상에 대해서도 배웠나?"

"네. 그런데 잘 이해되지 않았어요."

"예를 들어 거치식 펀드에 1억 원을 예치하고 5년이 지났을 때 수익률이 1억 3000만 원이 되었다고 해 보세. 5년간 누적수익률이 30퍼센트이니 성공적인 펀드 투자라고 생각하기 쉽지. 하지만 이를 복리수익률로 바꿔 보면 연 5.4퍼센트의 이득에 불과해. 5년 동안 원금비보장의 리스크를 감수하고 얻은 수익률 치고는 어떤 고객에게는 썩 만족스럽지 못할 수 있어. 그래서 수익률 착시 현상을 얻기 쉬운 고객들에게 예금이나 펀드 등을 판매할 때 연복리수익률로 환산해 설명해 주는 것이 반드시 필요한 거지."

이 대리는 사내 연수 프로그램에서 배웠던 수익률 착시 현상에 관한 기억을 더듬어 보았다. 엑셀 프로그램을 통해 간단히 복리수익률을 계산해 내는 식은 다음과 같았다.

= rate(투자년수, 0, -투자원금, 투자결과)

최 팀장이 설명한 내용을 엑셀의 셀에 다음과 같이 입력하면 5.4퍼센트의 연복리수익률이 계산된다.

= rate(5, 0, -100000000, 130000000)

엑셀 셀 서식의 소수 자릿수가 보통 0으로 고정되어 있으면 '5퍼센트'라고 표시가 된다. 이때는 '셀 서식〉표시 형식〉백분율〉소수 자릿수'에서 0을 1이나 2로 바꿔서 소수 첫째 자리나 둘째 자리까지 확인하면 정확하다. 5.4퍼센트는 소수 자릿수가 1일 경우이다. 만약 거치식 펀드가 아닌 적립식 펀드의 복리수익률을 계산하려면 식이 다음과 같이 달라진다.

= rate(투자월수, -월적립금, 0, 투자결과, 1)×12

예를 들어 매월 100만 원씩 5년(60개월)간 투자하여 7000만 원이 되었다면 셀에 다음과 같이 입력한다.

= rate(60, -1000000, 0, 70000000, 1)×12

위의 복리수익률은 연평균 5.9퍼센트다.

이 대리는 지난번 연수 때 이해하지 못했던 부분까지 꼼꼼히 기억을 되살리며 정리했다. 그러나 최 팀장이 왜 갑자기 복리수익률 계산법과 수익률 착시 현상을 이야기하는지 의아했다. 예금풍차를 배우러 온 이 대리에게 고객에게 더 정확한 수익률을 비교, 제공하는 방법을 알려 주려는 것이 아님은 확실했다. 이 대리는 최 팀장의 의중이 궁금했다.

"이 대리 주변에는 탁월한 재테크 수완을 가진 사람이 많은가?"

은행에서 근무해서인지 이 대리 주변에는 유달리 자산을 쉽게 불려 나가는 사람이 많았다. 장 대리와 같은 은행 동료부터 시작해 재테크의 달인이라 불러도 손색 없을 정도의 고객도 상당수 존재했다. 그들은 고객이었지만 오히려 배울 점이 더 많았다.

"이 대리는 그들을 보면서 무엇을 느꼈나?"

"글쎄요. '대단하다, 부럽다'라고 생각했어요."

"그들을 보면서 어떻게 자산을 관리하는지 한번 잘 살펴보도록 하게. 그들은 앞서 말한 연복리환산법 등을 이용하여 모든 상품의 리스크 대비 수익률을 꼼꼼하고 정확하게 비교하든지, 혹은 타고난 직감으로 알아낸다네. 단순히 돈을 모으기만 하는 것이 아니야."

이 대리는 서른두 살의 정 사장이 떠올랐다. 그는 고등학교를 졸업하고 대학 입학 대신 사업에 뜻을 품고 아르바이트를 해 종잣돈을 모으기 시작했다고 한다. 그는 벽돌 한 장을 변기 안에 넣어서 수도세를 아끼고 비닐봉지 값을 내는 것이 아까워 장바구니를 사서 집 앞 슈퍼에 갈 때도 이용했다. 예·적금, 보험, 펀드, 주식투자 등 다양한 상품으로 구성된 자산 포트폴리오로 종잣돈을 모았을 때 대출을 끼고 편의점을 차렸다. 첫 번째 점포가 성공한 것에 용기를 얻은 정 사장은 하나씩 점포를 늘려 나갔다.

이제 고급 승용차를 끌 정도로 젊은 나이에 큰 성공을 거뒀지만 필요 없는 곳에는 절대 돈을 낭비하지 않았다. 원하는 모델의 자동차가 출시되어도 '신차 효과'의 약발이 다해 값이 떨어지는 시점인 6~12개월을 기다렸다가 구매했다. 과거에는 12월만 되면 연식이 바뀌어서 차 구매를 늦추는 고객들 때문에 대폭 할인 행사를 많이 했지만, 최근에는 그런 이벤트가 줄어서 아쉽다면서 대신 자동차 딜러들이 영업 실적을 높이기 위해 할인 혜택이 많아 월말에 차를 구입했다고 했다. 심지어 새 차의 탁송료를 아끼기 위해 울산까지 가서 차를 받아 왔다고 한다. 자신이 몰게 될 새 차가 공장에서 갓 나오는 모습을 보며 무척 설렜다고 했다. 예·적금에 가입할 때도 0.1퍼센트의 금리도 악착같이 소중히 여겨서 이 대리의 혀를 내두르게 했다. 이 대리는 그를 보면서 '돈이 붙는 마인드는 따로 있구나' 하고 고개를 끄떡거렸다.

내일 출근을 위해 이제 슬슬 자리를 파하고 일어날 때가 됐다. 최 팀장은 스마트폰을 꺼내더니 이 대리에게 보여 주었다.

"이 대리는 인터넷 가계부를 쓰나?"

최 팀장의 기습 질문에 이 대리는 당황했다. 스마트폰에는 최 팀장이 평소 사용하는 인터넷 가계부 어플이 켜져 있었다. 요즘 가계부들은 매우 스마트해서 은행 거래 내역, 신용카드 사용 내역, 현금영수증 내역과 자동으로 연동됐다. 일일이 수기로 기록할 필요기 없었다.

"예금풍차의 1단계는 인터넷 가계부 작성부터 시작하네. 간단히 클릭 몇 번만 하면 가계부가 자동으로 작성되는 건 알고 있겠지?"

최 팀장이 말하는 인터넷 가계부는 이 대리도 이미 알고 있었다. 몇 년 전에 비하면 비약적으로 편리해졌음에도 불구하고 이 대리는 그 클릭 몇 번이 귀찮아서 사용하지 않고 있었다.

"그러고 나서 출퇴근 시간에 가끔 스마트폰 연동 어플로 확인만 하면 되네. 내 자산이 어떻게 굴러가고 있는지, 어디에서 돈을 낭비하고 있는지 곰곰이 고민해 보게. 무언가 깨닫는 게 있으면 그때 다시 한번 보기로 하지. 이 대리, 오늘 많이 피곤할 텐데 얼른

120,000원

150,000원

80,000원

들어가서 푹 쉬게. 내일 아침 조례 때문에 평소보다 일찍 출근해야 하는 건 기억하고 있지?"

시계는 11시를 가리키고 있었다. 시간이 쏜살같이 흘러버렸다. 안주로 시킨 홍합탕의 홍합은 몇 개 꺼내지도 못하고 그대로 남아 있었다. 이 대리는 최 팀장과 오랫동안 근무했지만 단둘이 이처럼 오래 이야기해 보기는 처음이었다. 인간관계나 조직 생활의 어려움에 대해 자문을 구하는 것도 아니고 재테크 방법을 알려 달라니. 최 팀장의 입장에서는 부하직원인 이 대리의 부탁이 어처구니없을 수도 있었다. 그러나 최 팀장은 전혀 귀찮아하지 않고 이 대리의 부탁에 응했다. 아마 5년 전 장 대리가 방황하고 있을 때에도 똑같이 해 줬음이 분명했다.

'진작 최 팀장님의 가르침을 받았더라면……'

이 대리는 스마트폰을 꺼내어 인터넷 가계부 어플부터 다운받았다. 고객에게 스마트뱅킹 사용법을 안내하며 마지막으로 보았을 때보다 훨씬 업그레이드되어 있었다. 늦은 시각이었지만 집에 가서 인터넷 가계부도 확인하고 자리라 다짐했다. 최 팀장과의 대화 후 가능성이 보였다. 나도 장 대리나 정 사장처럼 조만간 재테크 고수가 될 수 있을 것 같았다.

'인터넷 가계부를 써 보고 깨닫는 게 있으면 그때 다시 보자고 하셨지?'

부잣집 외동아들이라는 소문이 자자했던 최 팀장이었다. 하지만 오늘 대화를 나누고 최 팀장에 대한 선입견이 산산조각 났다. 최 팀장이 부자인 이유는 단순히 부의 상속 때문만은 아닐 거라는 확신이 들었다.

'그래, 나도 처음부터 다시 시작하는 거야.'

화려한 네온사인 간판이 누가 더 밝은지 뽐내기라도 하듯 반짝거렸다. 밤이었지만 낮보다 더 환했다. 이 대리는 고개를 들어 하늘을 봤다. 휘영청 뜬 보름달은 마치 해라도 품은 듯 기세가 등등했다. 버스를 놓치지 않기 위해 달리기 시작했다. 밤바람이 귓불을 스쳤다. 은행 합격자 통보를 받고 학교 운동장을 미친 듯 뛰었던 6년 전 그때 그 바람이었다. 이 대리의 입가에 미소가 번졌다.

30-30 인터넷 가계부 만들기

"이 대리, 인터넷 가계부 만드는 건 잘 되고 있나?"
최 팀장은 이 대리 곁을 지나가며 슬그머니 물었다.
"팀장님과 헤어진 그날 저녁 집에 가서 바로 만들었어요."
이 대리의 말에 최 팀장의 입가에는 미소가 번졌다.
"하하, 역시 이 대리는 빨라. 만들어 보니 어때?"
"간편하다는 건 알고 있었지만, 생각보다 더, 무척, 어쩜, 감동스러울 만큼 간편하다는 것을 느꼈어요."
"그래? 그게 처음 접하면 그렇게 간단하지만은 않은데. 어떤 점이 편리하던가?"
"클릭 한 번으로 은행 거래 내역, 카드 사용 내역, 현금영수증 내역이 자동으로 연동되었고요. 수입·지출 내역을 항목별로 구분하는 건 일일이 체크해야 했지만, 한 달치 정리하는 것도 숙달만 되면 금방 할 것 같아요. 표와 그래프 덕분에 재정 상황을 한눈에 파악할 수 있고요."

"아하, 그렇군."

최 팀장은 마치 인터넷 가계부를 작성해 본 적이 없다는 듯 시치미를 뚝 떼고 이야기를 들었다.

"이 대리가 만든 건 어느 사이트 가계부지?"

"은행 인터넷 가계부예요."

"다른 것도 많았을 텐데?"

"훌륭한 인터넷 가계부들이 많았어요. 각종 포털사이트 가계부, 모네타, 이지데이, 머니플랜 등 다 편리하게 되어 있더라고요. 그런데 아무래도 제가 은행원이니까 더 익숙해서 은행 것으로 만들었어요. 보안 면에서 차이가 있지 않을까 싶기도 하고. 하지만 어떤 걸 사용하든 상관없을 것 같아요. 꾸준히 사용할 수 있는 게 가장 좋은 것 아닐까요?"

"하하, 이 대리가 인터넷 가계부 전문가가 되어 가고 있구먼."

최 팀장은 애정이 듬뿍 담긴 눈길로 이 대리의 어깨를 쓰다듬었다. 옆자리에서 고객과 상담 중이던 윤 과장이 둘이 무슨 이야기를 저렇게 열심히 하나 슬쩍 쳐다보았다.

"이 대리, 이제 본격적으로 예금풍차의 초석을 만들 시간이네."

"네? 초석이요?"

"세상에는 수많은 사람들이 인터넷 가계부를 사용하고 있어. 하지만 그 모든 사람들이 재테크에 성공하지는 않지. 왜 그런지 아나?"

"끈기 있게 하지 않아서요?"

"맞아. 끈기 있게 작성하는 것이 제일 중요하지. 그렇지만 그것만큼 중요한 것이 한 가지 더 있어. 바로 인터넷 가계부에서 가장 중요한 알맹이 항목을 찾아내는 거야."

"어떤 항목이죠?"

그때 갑자기 딩동 하고 상품판매창구의 번호표가 한 자리 올라갔다. 세련된 검정색 정장을 차려입은 젊은 고객이 이 대리를 쳐다보고 있었다.

"그럼 이따가 다시 이야기하지."

자리로 되돌아가는 최 팀장을 뒤로하고 이 대리는 고객을 맞았다. 머릿속에는 여전히 인터넷 가계부의 알맹이 항목이 무엇일까 하는 궁금증이 맴돌았다.

"오늘이 15일이니까 5일 남았군."

시계는 오후 5시를 가리키고 있었다. 업무 시간이 끝나고 저녁 마감회의를 시작하기 30분 전이었다. 최 팀장은 달력을 보며 5일 남았다고 고개를 끄떡였다.

"5일이요?"

"20일이 급여 날이니까 이제 5일 남은 거지."

"네?"

"인터넷 가계부의 알맹이 항목을 적극 응용하기 위한 디데이가 5일 남았다는 뜻이야."

"디데이요?"

놀라는 이 대리의 표정을 이미 읽고 있었다는 듯 최 팀장의 손가락이 모니터를 가리켰다. 이 대리는 얼른 은행 홈페이지에 로그인하여 인터넷 가계부 페이지를 열었다.

"이 대리는 가계부의 장점이 무엇이라고 생각하나?"

"내가 어디에 돈을 썼는지 돌아보고 반성할 수 있는 것 아닐까요?"

"반성만 하는 것은 아무 의미 없어. 가계부를 열심히 쓰는 사람들 중 대부분은 가계부를 지출 기록이라고만 생각해. 그럼 과거 지향형 가계부가 되고 말지. 반성을 한 뒤에는 반드시 반성을 토대로 한 새로운 목표를 설정해야 한다네. 이것이 바로 미래 지향형 가계부의 시작이자 인터넷 가계부의 알맹이 항목이지."

최 팀장은 예산 관리 태그를 클릭했다. 그곳에는 '예산·실제 지출·잔액' 항목이 설정되어 있었다.

"한 달, 즉 30일 동안 일한 댓가로 월급이 입금되는 날, 딱 30분만 투자해서 인터넷 가계부의 예산을 세워 두는 것. 그것이 바로 '30-30 인터넷 가계부' 작성의 핵심일세."

매일 30분씩 가계부를 쓰는 것이 아니라 한 달에 한 번만 가계

인터넷 가계부 '예산 세우기'의 일반적인 지출 대표 항목

항목	예산	실제 지출	잔액	전월 예산 비교
가정용품비				
건강 · 의료비				
교통 · 통신비				
금융재테크비				
세금 · 공과금				
식비				
여가 · 문화비				
육아 · 교육비				
의류 · 미용비				
주거비				
차량유지비				
합계				

KB국민은행 인터넷 가계부 항목 일부분 참조

* 예산-실제 지출=잔액
* 잔액이 (+)일 경우 성공적인 예산 관리
* 잔액이 (-)일 경우 실제 지출이 예산을 초과하였으므로 예산 관리를 더욱 철저히 할 것

부를 작성하면 된다는 말에 이 대리는 일단 마음이 놓였다. 그러나 아무리 한 달에 한 번이라고 하지만 평생 가계부를 쓸 생각을 하니 보통 일은 아니구나 싶었다. 하지만 이것이 예금풍차의 초석이라고 하니, 사랑하는 아내와 어머니를 위해서라도 끝까지 한번 해보리라 마음먹었다.

"인터넷 가계부는 쓸데없는 곳에 돈을 낭비하지 않기 위해 작성하는 거야. 워렌 버핏도 100달러를 벌기보다는 1달러를 아끼라고 했지. 저축을 잘하기 위해서는 푼돈을 아끼는 게 중요하다는 사실을 절대 놓치지 말게. 하지만 가장 중요한 점은 꼭 필요한 곳에는 돈을 아끼지 말아야 한다는 걸세. 이 대리에게 제일 중요한 것은 무엇인가?"

"자기 계발이요."

"그럼 30일 동안의 지출 기록을 확인하고 다음 달 30일 동안의 예산 목표를 세울 때 도서 구입, 영어 학원비, 헬스클럽 등록비와 같은 자기 계발 비용은 아끼지 말고 책정해 놓아야 해. 아깝다고 생각하지 말고 매달 꾸준하게 목표로 잡아야 하네. 중간중간 슬럼프도 있고 지루하겠지만 지속적으로 하다 보면 돈이 아까워서라도 꾸준히 책을 읽고, 영어를 공부하고, 운동을 하게 되네. 이것이 이 대리가 쓸데없는 데는 돈을 쓰지 않고 꼭 필요한 곳에만 돈을 쓰게 만드는 가이드가 되어 줄 걸세. 그럼 다시 한 번! 인터넷 가계부를 작성하는 이유가 뭐라고 했나?"

"쓸데없는 곳에 돈을 낭비하지 않는 것이요."

"맞았어. 더불어 필요한 곳에는 과감히 쓰는 것이지."

이 대리는 예금풍차를 한 대부분의 사람이 직장에서 초고속 승진을 한 이유를 알 것 같았다. 그들은 절약을 하면서도 자기 계발에는 과감히 투자하는 사람들이었던 것이다.

인터넷 가계부의 대표적인 종류 및 특징

종류	사용료	특징
머니북 (http://www.moneybook.co.kr)	무료 유료 • 1년 이용권: 45,000원 • 2년 이용권: 81,000원 • 3년 이용권: 115,000원	• 복식부기 가계부로서 자산과 부채에 대한 관리까지 효율적으로 실행할 수 있음. • 계좌 통합 기능을 통해서 은행 계좌의 잔액과 거래 내역, 신용카드 거래 내역 등을 자동으로 추출하여 가계부에 기록함.
모네타 (http://mini.moneta.co.kr)	무료	• 매일매일의 수입·지출 내역 및 보험과 대출의 불입금액과 누적금액 등을 작성하고 확인해 볼 수 있음. • '미가파티' 커뮤니티에서는 가입자 간의 공개 가계부를 참고할 수 있음.
KB은행 (www.kbstar.com)	무료	• 계좌 통합 가계부를 제공함. 지출이 많은 항목을 따로 보여 주어 전략적으로 소비 생활을 계획하는 데 도움이 됨. • 스마트폰 'KB스타플러스'의 지능형 가계부 '포켓북'은 예금 잔액이나 카드 승인 내역을 조회하여 원하는 항목을 가세부에 자동 입력하고, 문자메시지를 검색하여 입출금 통지 내역과 카드 승인 내역도 가계부로 가져올 수 있음.
누리아 (www.nuria.co.kr)	무료 유료 • 1년 이용권: 1만 원	• 사용법이 자세히 설명되어 있어서 초보자도 사용하기 편리함. 인터페이스가 깔끔하고 자산 변동 그래프 기능이 적용되어 전체적인 자산 증감을 한눈에 볼 수 있음. • PC에 설치되는 프로그램이라서 여러 장소에서 사용할 때는 다소 불편할 수 있으나 그만큼 보안성이 뛰어남.
네이버 가계부 (http://www.moneybook.naver.com)	무료	• 연간·월간 다양한 그래프를 통해 수입과 지출을 한눈에 볼 수 있음. • 입출금 내역을 업로드하면 자동으로 가계부가 작성됨.

미래 지향형 가계부
작성법

　　이 대리는 최 팀장이 무서운 상사가 아닌 자상한 큰형처럼 여겨졌다. 6년을 함께 일하면서도 느껴 보지 못한 따뜻함이었다. 진작 최 팀장과 많은 이야기를 나누어 보지 못한 것이 안타까웠다.
　　이 대리는 30-30 인터넷 가계부의 예산을 수립하는 데 있어서 어느 부문에 중점을 두어야 하고 두지 말아야 하는지 최 팀장의 의견을 참고하고 싶었다. 그러나 최 팀장은 절대 구체적으로는 이야기해 주지 않았다. 같은 직장, 같은 직위의 직원이라 하더라도 본인의 가치관에 따라 예산을 어디에 많이 사용할 것인지는 판이하게 달라질 수 있기 때문이다.
　　"인생을 즐기면서 살고 싶은 사람은 여행비, 영화관람비 등 여가·문화비에 많은 예산을 수립할 거야. 하지만 가까운 시일 내에 더 큰 평수의 집을 갖고 싶은 사람은 목돈을 모으기 위해 금융·재테크비에 높은 예산을 잡을 것이고, 자녀 교육에 욕심이 많은 사람은 육아·교육비에 많은 예산을 세우겠지. 꼭 기억해야 할 것은 자신이 중요하다고 생각한 부문은 예산을 높게 책정하고 나머지 부문은 독하게 절약해야 한다는 거야."

'미리 책정해 놓은 예산에 맞춰 지출하기!'

이 대리는 자신에게 중요한 지출 부문이 무엇일까 곰곰이 생각했다. 그러나 중요한 것 한두 가지를 꼽는다는 것은 의외로 쉽지 않았다. 미래를 위해 목돈을 모아야 하지만, 회사 사람들과 어울리기 위한 교제비나 사랑하는 아내와 함께 하는 여가·문화비도 포기할 수 없었다. 당장 한두 달 정도는 참을 수 있다 해도 몇 년을 그렇게 살 수는 없다.

"예산에 맞춰 생활한다는 것이 쉽지 않을 것 같아요. 예산 한 부문씩 생각해 보니까 다 포기할 수 없어요. 얼마 되지 않는 월급 아낀다고 재테크에 성공할 수 있을지도 의문이고요."

"지금은 월급 몇 푼이 푼돈처럼 보일 거야. 당장 내가 가진 돈이 두 배, 세 배씩 팡팡 불어나야 재테크에 성공한 것처럼 보일 테니 말이야. 그럼 우리 다 때려치우고 주식이나 할까? 로또를 사도 괜찮고. 회사를 그만 두고 사업을 해 보는 건 어때?"

최 팀장은 농담인지 진담인지 모를 표정으로 이야기를 이어 나갔다.

"이 대리가 저축을 하려는 이유는 뭔가?"

"돈을 많이 갖고 싶어서요."

"돈이 많지 않아도 먹고살 수는 있잖아. 그런데 왜 꼭 돈을 많이 가지려는 거야?"

"돈이 많아야 더 행복한 삶을 살 수 있을 것 같아서요."

"이 대리에게 행복한 삶이란 뭔가?"

최 팀장의 말에 이 대리는 선뜻 대답할 수 없었다. '행복이란 무엇인가'라는 질문은 중학교 때 진로 고민을 하면서부터 시작했다. 막연히 '행복해져야겠다'고 생각은 했지만 확고하게 정해 놓은 모습은 없었다. 아무 걱정 없는 순도 100퍼센트의 행복을 누리려면 돈이 많아야 한다고 막연히 생각했을 뿐이다. 적어도 수십억은 있어야 돈 걱정 없이 행복해질 수 있을 것 같았다. 정년까지 25년밖에 안 남았다. 그 사이에 수십억의 돈을 모으려면 이처럼 자잘한 돈을 저축하는 것으로는 어림없어 보였다.

"돈이 많으면 지금보다 행복할 확률이 높지. 그러나 수백억도 결국 몇 십 원, 몇 백 원이 모여서 된 돈이야. 자수성가형 부자 중에 적은 돈을 함부로 여기면서 큰 부자가 된 사람은 없었어. 저축이 습관화되어야 해."

"저축의 습관화요?"

"그렇지. 대부분의 자수성가형 부자들은 악착같이 저축하는 습관이 몸에 배어 있어. 그런데 꼭 부자라고 행복한 건 아니야. 진짜 행복한 부자는 자기가 언제 행복한지, 나의 삶에서 중요한 것이 무엇인지 늘 생각하는 자세를 잃지 않지. 그게 바로 예산 수립과 직결돼. 매달 30분씩 나를 가장 행복하게 하는 중요한 부문을 찾아서 예산을 책정하는 것이 예산 수립의 본질이니까. 이런 과정을 거치느냐 거치지 않느냐에 따라서 그냥 부자와 진짜 행복한 부자가 갈라지지."

이 대리는 부자가 되고 싶었고, 이왕이면 행복한 부자가 되고 싶었다. 30일에 30분씩 나를 가장 행복하게 하고, 지금 나에게 가장 중요한 것이 뭔지 고민하는 시간이 자신을 행복한 부자의 길로 인도해 주는 나침반이 될 것 같았다.

"나는 회사 생활 3년차까지 통장 잔고가 마이너스였어. 우리 집이 찢어지게 가난해서 번 돈은 다 부모님께 생활비로 드렸거든."

"진짜요?"

"내가 거짓말하는 것 봤나?"

부잣집 외동아들의 귀티가 줄줄 흐르는 '화수분' 최 팀장님에게 처음 들어 보는 과거사였다.

"그렇지만 적은 돈도 아끼고, 매달 예산을 수립하는 과정을 통해서 삶의 희망을 봤지. 부자의 첫 단추가 절약과 저축이라는 것은 만고불변의 진리야. 언젠가 나의 자산이 마이너스에서 플러스로 축적되어 가던 과정을 모두 보여 주겠네. 예산 목표가 그때그때마다 변동되어 가는 모습도."

이 대리는 최 팀장의 예산 목표가 매우 궁금했다. 뭐 하나 빠질 것 없이 행복한 최 팀장의 예산 목표에는 그만의 비법이 담겨 있을 것이었기 때문이다.

인터넷 가계부
제대로 활용하기

이 대리는 최 팀장이 더 이상 상사로만 느껴지지 않았다. 작게는 이 대리의 재무설계사이자 크게는 인생의 멘토였다. 아버지의 빈 자리가 클뿐더러 형이 있는 친구를 늘 부러워했던 이 대리에게 최 팀장은 아버지이자 형 같았다. 이 대리는 30-30 인터넷 가계부 작성으로 떼돈을 번 것도 아니었지만, 이미 꽤 많은 돈을 저축한 듯한 느낌을 받았다. 공부 방법을 알고 시작해야 성적도 쑥쑥 오르는 것처럼 저축도 체계적인 저축 노하우를 파악하는 것이 중요하다는 것을 깨달았다. 지금이라도 재테크 멘토를 갖게 된 것이 다행이었다.

"그런데 30일에 한 번 30분 동안 예산 수립을 하는 것 외에 제가 알아 두어야 할 사항은 없나요?"

"계좌 통합 자산 등록을 해 두면 편할 거야. 인터넷 가계부 항목을 추가·수정·삭제하는 기능도 배워 두고."

인터넷 가계부를 개설했지만 계좌 통합 자산 등록이라는 것은 처음 듣는 이 대리였다.

"계좌 통합 자산 등록이요?"

"이 대리에게는 부인이 있지 않나. 그러니 당연히 부인 앞으로 된 통장과 카드가 있을 거고. 이것을 이 대리의 인터넷 가계부에 등록해 두면 두 사람의 수입과 지출을 하나의 가계부에서 관리할 수 있어."

"그게 가능한가요?"

"물론이지. 요즘 나오는 대부분의 인터넷 가계부 프로그램에서 가능하다네. 대신 부인의 동의가 필요해. 인증서와 사용자 암호를 공유해야 되니까."

이 대리는 이미 아내와 모든 계좌와 아이디, 사용자 암호를 공유하고 있었다.

"금방 일어서는 집과 그렇지 못한 집의 차이는 부부의 협력 정도에 달려 있어. 맞벌이로 돈을 많이 모은다고 해도 부부가 각각 딴 주머니를 찬다면 자산을 축적하기가 쉽지 않아. 남편이든 아내든 재테크에 더 소질 있는 사람이 인터넷 가계부를 책임져야 해. 그리고 다른 한 명은 적극적으로 협조해야 하지."

이 대리는 최 팀장의 입을 열심히 쳐다보며 고개를 끄떡였다.

"인터넷 가계부의 수입·지출 항목은 모든 사람을 대상으로 만들어져 있어서 이 대리에게는 적합하지 않을 수 있어. 쓸데없는 항목은 삭제하고 필요한 항목은 추가하고 이름이 어정쩡한 항목은 수정해버리게."

마침 몇몇 항목들이 마음에 들지 않던 이 대리였다. 퇴근 후 집에 가면 당장 항목부터 수정해야겠다고 마음먹었다.

"이 두 가지를 마치고 나면 인터넷 가계부를 제대로 활용할 수 있는 기본 정비는 모두 마친 거라네."

"그 다음에는 무엇을 해야 하죠?"

"수립한 예산에 맞추어 최대한 절약하도록 노력해야지. 교통·통신비는 아낄수록 득이야. 전화비를 아끼려면 인터넷전화를 이용하면 좋다네. 국제전화노 훨씬 저렴하고 같은 서비스를 이용하고 있는 사람끼리는 무료통화도 제공하지. 문자는 무료 문자 서비스를 제공하는 사이트를 적극 활용하면 좋아. 그리고 혹시 모르니까 휴면계좌 통합 조회 시스템(www.sleepmoney.or.kr)을 이용해서 잠자고 있는 돈이 어디 없나 한번 찾아보도록 하게. 택시도 꼭 타야 할 때가 아니면 대중교통을 이용하는 편이 돈도 절약되고 건강에도 좋다네. 담배는 건강을 위해서든 저축을 위해서든 끊는 게 좋아. 하루에 2500원짜리 담배 한 갑을 안 피우면 한 달에 원금만 7만 5000원을 아낄 수 있어. 이것을 10년 동안 적립식 펀드에 예치하든지 해서 15퍼센트 정도의 수익을 본다면 10년 뒤 약

만약 교통·통신비를 교통비와 통신비 항목으로 나누고 싶다면?

(p.59 인터넷 가계부 '예산 세우기'의 일반적인 지출 대표 항목)

1. 교통·통신비 항목을 '교통비'로 수정한다.
2. '통신비' 항목을 추가한다.
3. '교통비'와 '통신비' 항목에 관한 세부 항목을 수정한다.

수정 전

항목	세부 항목	예산	실제 지출	잔액	전월예산 비교
교통·통신비	기차·비행기				
	기타 교통·통신비				
	대리운전				
	대중교통				
	인터넷 사용료				
	전화 요금				
	휴대폰 요금				
합계					

수정 후

항목	세부 항목	예산	실제 지출	잔액	전월예산 비교
교통비	기차·비행기				
	기타 교통·통신비				
	대리운전				
	대중교통				
통신비	인터넷 사용료				
	전화 요금				
	휴대폰 요금				
합계					

2000만 원의 목돈이 된다네. 하루에 2500원 정도의 작은 돈이라도 늘 아끼도록 노력해야 해."

"인생이 너무 팍팍해질 것 같은데요?"

이 대리는 자신도 모르게 고개가 움츠러들었다.

"팍팍한 게 아니라 합리적인 거야. 쓸데없는 곳에 쓰는 소소한 돈이 이 대리에게 큰 이득을 준 적 있나?"

이 대리는 곰곰이 생각해 보았다. 티도 안 나게 새어 나가는 돈이 적지 않았지만, 그것이 삶에 큰 도움이 되는가는 별개의 문제였다.

"인터넷 가계부를 작성하는 이유가 뭔지는 이 대리도 잘 알고 있겠지? 과거 지출에 대한 기록이 아닌 미래 지향형 예산 수립을 위한 것임을 한시도 잊어서는 안 되네. 목돈을 모으는 3대 수순은 바로 절약·저축·투자야. 1단계인 절약에서 무너지면 결코 저축·투자를 성공시킬 수 없어."

"네. 무슨 말씀인지 알겠어요. 인터넷 가계부 작성을 통해서 쓸데없이 새어 나가는 돈을 점진적으로 줄여 나가라는 말씀이죠?"

"그렇지! 꾸준히 해 나가야지. 이 대리는 그렇게 할 수 있겠나?"

"쉽지는 않을 것 같아요. 사실 예전에도 소비를 줄여 보려는 시도는 많이 했어요. 다만 한두 번 단발성으로 그치고 말았죠."

"그래서 의지가 약해질 때마다 인터넷 가계부를 들여다봐야 해. 세금·공과금이나 교통·통신비처럼 줄일수록 이득인 항목의 실제 지출액이 계속 감소하는 것을 눈으로 확인해야 하지. 그리고 그 차액만큼은 저축을 하거나 다른 중요한 항목의 예산으로 편입시켜 보게. 이 대리는 자기 계발을 중요하게 여긴다고 했지?"

"네. 회사에서 살아남으려면 자기 계발을 열심히 해야 하니까요."

이 대리는 지독한 스쿠루지 같은 인생을 살고 싶지는 않았다. 최 팀장의 조언에도 불구하고 적당히 즐기면서 살고 싶다는 욕심을 버릴 수 없었다.

"외식비도 꼭 줄이도록 하게."

최 팀장은 이 대리의 흔들리는 마음을 읽었다는 듯 단어 하나하나에 힘을 주어 또박또박 말하기 시작했다.

"그리고 이 대리가 낭비하는 것이 또 뭐가 있을까?"

"글쎄요……, 또 뭐가 있을까요?"

"취미 생활이나 여가 생활이 있잖은가?"

"취미 생활까지요?"

이 대리는 얼마 전부터 골프를 시작했다. 현재는 실내 연습장에서 연습하고 간간히 스크린골프나 다니는 정도여서 큰 부담은 없었다.

"예전보다 저렴해지기는 했지만 골프는 여전히 돈이 많이 드는 운동이야. 실외 연습장에서 연습을 시작하면 연습비도 두 배로 들어. 개인 레슨도 받아야 할 테고. 필드에 한 번 나가면 경비가 최소한 15만 원 이상이지. 골프 선수가 될 게 아니라면 목돈을 마련하기 전까지는 돈이 적게 드는 취미 생활로 바꾸도록 하게."

"하지만 취미는 말 그대로 취미잖아요. 스트레스도 풀 겸 제가 좋아하는 걸로 하면 안 될까요?"

"꼭 그렇게 해야만 하는 이유는 뭔가?"

"음……."

"잘 찾아보면 돈이 적게 들면서도 스트레스를 푸는 데 도움을 주는 취미 활동은 얼마든지 있어."

"사실 골프만큼 배드민턴도 재미있어요. 일요일 아침에 공원에서 아내와 배드민턴을 치면 밥맛도 돌고 스트레스도 쫙 풀리죠."

"바로 그거야! 취미 생활에 옳고 그름은 없어. 그러나 목돈을 모으겠다고 다짐한 이상 최소 비용에 최대 효과를 낼 수 있는 취미 생활을 찾아서 꾸준히 하는 것이 중요하다네."

"네. 오늘 최 팀장님 말씀을 듣고 제게 부족한 점이 많다는 것을 깨달았어요. 저는 제가 알뜰한 편이라고 잘못 생각해 왔던 것 같아요."

"나도 그렇고 많은 사람들이 그런 착각 속에 있지."

"더 주의해야 할 건 없을까요?"

"음……, 또 뭐가 있을까? 이 대리는 차가 있나?"

"네. 할부로 장만했어요."

"정말 큰일이구먼. 보험에 세금에 기름값까지 자동차 유지비가 의외로 많이 드는데 말이야. 자동차 구입은 최대한 미루는 게 낫네."

"취미·외식·간식·통신비에 자동차까지 모두 절약할 것뿐이네요? 정말 이것들을 다 아껴 가며 살아야 하나요?"

"처음이 어렵지 일단 절약하는 습관이 들면 이 대리가 먼저 나서서 더 아낄 것이 없나 찾아보려고 할걸?"

"제가 먼저요?"

이 대리는 과연 그런 날이 올까 싶었다. 명품 양복이나 시계를 몇 개씩 사들인 적도 없고, 스스로가 낭비한다고 생각한 적은 결코 없었다. 그저 남들 하는 만큼만 하고 살았을 뿐인데, 최 팀장이 권하는 것보다 더 적극적으로 절약하는 자신의 모습을 상상할 수 없었다.

"이 대리도 은행에서 고객을 접하며 느끼지 않았나? 진짜 부자들은 쓸데없는 데 돈을 한 푼도 쓰지 않는다네."

"네. 돌이켜보니 정말 그랬던 것 같아요. 인터넷 가계부를 작성하며 최대한 절약하는 생활을 하는 것, 이것이 1단계인 거죠?"

"그렇지. 1단계가 끝나면 본격적으로 2단계에 들어가지."

"2단계는 뭐예요?"

"이 대리가 그토록 알고 싶어 하는 예금풍차야."

"예금풍차가 뭔지 정말 궁금해요. 미리 가르쳐 주실 수는 없나요?"

"아직은 일러. 때가 되면 알려 주겠네. 그때는 예금풍차의 A부터 Z까지 지칠 만큼 배우게 될 거야. 일단은 절약이 몸에 딱 배도록 하는 것이 먼저임을 잊지 말고."

"회사에서 별명이 스크루지가 되는 거 아닐까요?"

"이 대리가 갑자기 절약하는 모습을 보이면 주변에서 놀라기는 할 거야. 한편으로는 저게 얼마나 갈까 의심도 하겠지. 스크루지라는 별명이 붙지도 않겠지만 설령 얻는다 해도 그것을 겁내서는 안 돼. 스크루지는 부자였지만 행복하지도 않았고 성공한 사람으로 평가받지도 않아. 하지만 예금풍차 프로젝트의 목표는 '성공한 행복한 부자'가 되는 거야. 그러기 위해서는 자기가 중요시하는 가치관을 확고히 하고, 그 가치관에 투자하는 비용은 아끼지 말아야 해. 이 대리는 회사에서 승진을 빨리 하고 싶냈지? 그러기 위해서는 무엇을 해야 할까? 바로 자기 계발비용을 아끼지 말아야 해. 절약하는 돈을 자기 계발에 두 배, 세 배 투자한다면 성공은 더 가까운 곳에 와 있을 걸세. 절약하는 순간마다 내가 왜 절약을 해야 하는지 잊지 말게. 삶의 목표가 있어야 의미 있는 절약도 가능해."

"절약하고 저축해야 한다는 것을 이론상으로는 잘 알고 있는데 실천이 어려워요. 자꾸 잊어버리면 어떡하죠?"

"나태해질 때마다 의지를 환기시키는 장치를 곳곳에 심어 둬야지. 목돈을 모으는 방법은 다이어트와 똑같아. 다이어트할 때 날씬한 모델의 비키니 사진을 냉장고 문에 붙여 두고 음식을 자제하는 것처럼, 지갑 속에 미래에 되고 싶은 모습의 사진을 넣어 두게."

"어떤 사진들이요?"

"은행 행장이 되어 있는 이 대리의 모습, 예쁜 아들딸을 낳아서 함께 유럽 일주를 하는 모습, 벤츠 S600L을 모는 이 대리를 연상할 수 있는 사진 같은 것 말일세."

이 대리는 상상의 나래를 폈다. 이 대리가 이루고 싶은 미래의 모습을 마음속에 펼치는 것만으로도 입가에 미소가 번졌다. 집에 가서 당장 BMW 신상 모델 사진부터 찾기로 했다.

"구체적인 절약 방법은 근무하면서 중간중간 생각날 때마다 말해 주겠네. 이 대리는 30일에 한 번 30분 인터넷 가계부를 작성하고, 매일 스마트폰 가계부 어플을 들여다보며 정해 놓은 예산에 맞춰서 소비하도록 노력하게. 놓치는 게 있는 것 같으면 근무 시간마다 틈나는 대로 물어보고."

"새로 오신 지점장님 때문에 매일 책임자 회의를 하시잖아요. 바쁘지 않으시겠어요?"

이 대리는 공격적인 업무 성향의 지점장님 때문에 매일 눈이 퀭해질 때까지 일에 매달리는 최 팀장의 건강이 염려스러웠다.

"다른 건 몰라도 이 대리가 예금풍차를 시작한다는데 내가 안 도울 수 있는가? 나도 그분의 도움이 없었으면 아이를 넷이나 낳고 지금처럼 여유 있게 살지 못했을 거야. 알다시피 인사 적체가 심한 우리 회사에서 빨리 팀장 자리에 오르지도 못했을 거고."

최 팀장은 타고난 성실성과 후천적인 업무 능력으로 지역 본부 내에서도 최연소 지점장 물망에 오르고 있었다. 이 대리는 가난에 허덕이던 최 팀장을 지금처럼 풍족한 생활로 이끌어 주었다는 그분의 실체가 점점 궁금했다.

"그런데 그분이 누구세요?"

"이름을 알려 주면 누군지 이 대리가 바로 아는 분이네."

"그럼 제가 본 적이 있나요?"

"아니 본 적은 없을거야."

"팀장님, 그분이 누구신지 정말 궁금해요."

"이제 얼마 지나지 않아 알게 될 걸세."

"언제요?"

"예금풍차를 모두 성공적으로 완수했을 때."

최 팀장은 찡긋 윙크를 보내며 미소 지었다.

▶ **예금풍차 1단계: 30-30 인터넷 가계부 작성하기!**
한 달(30일)에 한 번 월급이 들어오는 날, 딱 30분만 투자해서 인터넷 가계부의 예산을 세운다.

▶ **30-30 인터넷 가계부 작성 요령**

1. 30일에 한 번 예산을 수립할 날을 정한다(급여일부터 급여일 후 3~4일 이내가 적당함).
2. 30분의 시간을 낸다.
3. 지출 항목별로 얼마를 쓸지 예산을 수립한다(가치관·목표에 따라 정함).
4. 매일매일 작성하지 않고, 한 달에 한 번 지난달의 실제 지출액을 확인한다.
5. 지출 항목의 실제 지출액을 예산에서 차감한다.
6. 지출 항목별 결산 후 항목별 적정 실제 지출액을 평가한다.

작전명: 록펠러의
회계장부 A

시원한 아침 공기 덕분에 머릿속이 상쾌했다. 차를 타는 대신 워킹화를 신고 집에서 회사까지 출퇴근하기 시작한 지도 한 달이 지났다. 이 대리는 몸이 건강해진 것을 온몸으로 느꼈다. 출퇴근 시간 걷기는 교통비 절감뿐만 아니라 건강 관리 측면에서도 나무랄 데 없이 훌륭한 전략이었다.

이 대리는 다른 날보다 30분 일찍 출발했다. 본사의 전략 추진 회의에 다녀온 지점장이 직원들에게 중요한 내용을 직접 전달하는 날이기 때문이다.

"여러분, 모두 피곤하실 텐데 일찍 출근하느라 수고가 많습니다."

지점장은 특유의 은근한 미소를 지으며 아침 인사를 건넸다.

업무를 추진할 때는 강력한 카리스마를 뿜어내지만, 평소에는 무척 부드럽게 이야기하는 지점장이었다.

"오늘의 전달 사항은 다름 아닌 앞으로 매년 개최될 사내 저축왕 선발대회 소식입니다. 고객을 대상으로 열리던 저축왕 대회를 직원에게까지 확대해서 직원들 모두가 저축을 열심히 하는 사내 분위기를 형성하자는 임원진의 경영 방침입니다."

지점장은 녹차를 한 모금 들이켜고는 계속 말을 이어 나갔다.

"고객에게 상품을 권유할 때는 진심이 담겨 있어야 합니다. 직접 상품을 가입해 보고 열정적으로 저축하는 직원의 상담에는 진심이 느껴집니다. 왜일까요? 단순히 자신이 높은 수익률을 얻은 상품을 권유할 수 있기 때문일까요? 아닐 겁니다. 저축이 얼마나 어려운 것인지 누구보다 본인 스스로가 더 잘 알기 때문일 겁니다."

지점장의 목소리에 점점 힘이 실렸다.

"여러분, 혹시 록펠러에 대해 아시나요? 록펠러는 미국의 석유왕이라 불리는 사람입니다. 아마 적어도 한 번쯤은 들어 본 이름일 겁니다. 당대 최고의 부자였던 그는 당시 자산 가치가 현재 빌 게이츠의 세 배였다고 합니다. 철강왕 앤드류 카네기, 존 모건과 함께 당대를 주름잡던 현대 경영자들에게는 별과 같은 존재였죠. 록펠러는 겨우 주급 4달러를 받으며 일을 시작했지만 그때부터 수입과 지출금, 저축과 투자금을 한 푼도 빼놓지 않고 '회계장부 A'에 꼼꼼하게 기록했습니다. 심지어 록펠러의 자녀들은 자신의 아버지가 그렇게 큰 부자라는 사실도 모른 채 컸죠. 집안일을 도우면서 용돈을 받았고, 그 용돈을 용돈기입장에 수입과 지출로 나누어 꼼꼼히 기록하고 남은 돈은 모두 저축했습니다. 이러한 습관과 경제관념이 몸에 밴 뒤에야 투자를 시작했고, 이것이 다른 가문들과는 다르게 부의 세습이 가능하게 만든 요인으로 꼽힙니다."

지점장이 왜 갑자기 록펠러의 이야기를 꺼냈는지 모두가 어리둥절해 있었다. 지점장은 진지하면서도 깊이 있는 목소리로 아침 회의를 마무리했다.

"저는 여러분이 단순히 은행의 저축왕이 되는 것을 뛰어넘어 대한민국의 록펠러로 성장할 수 있는 가능성이 충분하다고 믿습니다."

이 대리는 지점장이 무엇을 말하려는지 알 것 같았다. 최 팀장의 지도하에 작성하고 있는 인터넷 가계부가 다름 아닌 이 대리의 회계장부 A였다.

'록펠러처럼 열심히 사는 거야.'

이 대리는 인터넷 가계부를 들여다볼 때마다 자신이 변해 가는 모습에 그저 놀랍기만 했다. 돈을 어디에 어떻게 쓰는지 전혀 몰라서 정말 투자해야 할 곳에는 돈을 아낄 수밖에 없었던 이전의 모습은 찾아볼 수 없었다. 이 대리에게 인터넷 가계부는 비전으로 가득찬 세계로 안내하는 보물 지도와도 같았다.

▶ 미래 지향형 인터넷 가계부 작성을 위해 지켜야 할 다섯 가지

1. 30일에 한 번 30분을 투자하여 인터넷 가계부 예산을 수립한다.
2. '오늘도 나는 성공한 행복한 부자다'라는 말을 매일 아침 세 번씩 소리 내어 말한다.
3. 가계부 또는 다이어리에 저축 일기를 쓴다.
4. 출퇴근 시간에 하루 10분씩 인생의 목표와 목돈을 만들었을 때의 내 모습을 상상한다.
5. 틈나는 대로 경제경영 서적을 읽는다. 일주일에 한 번 재테크 카페나 사이트를 방문하여 정보를 얻고 재테크 의지를 다진다.

> **Tip** 저축의 달인 체크 리스트

01. 1년에 몇 권의 경제경영 서적을 읽는가? (경제경영 관련 부문 위인이나 재테크 서적 포함)

   A. 읽지 않음　　　　　　　B. 1권 이상~5권 미만
   C. 5권 이상~10권 미만　　 D. 10권 이상

02. 월 소득에서 세금·공과금을 제외하고 가장 소비를 많이 차지하는 부문은 무엇인가?

   A. 차량유지비　　　　　　B. 식비
   C. 주거비　　　　　　　　D. 금융·재테크비

03. 월 소득에서 저축 및 투자 금액의 비율은 어느 정도인가?

   A. 없음　　　　　　　　　B. 1% 이상~20% 미만
   C. 20% 이상~50% 미만　　 D. 50% 이상

04. 자기 계발에 투자하는 비용은 월 급여의 몇 퍼센트인가? (자기 계발에 관한 구체적인 항목은 본인이 주체적으로 설정할 수 있음. 예컨대 도서 구입비, 외국어 학원 등록비, 휘트니스센터 가입비, 외모에 투자하는 비용 등 본인의 선택에 달려 있음)

   A. 10% 미만　　　　　　　B. 10% 이상~20% 미만

C. 20% 이상~30% 미만　　D. 30% 이상

05. 총자산에서 부채가 차지하는 비율이 얼마인가?
　　　A. 50% 이상　　　　　　　B. 30% 이상~50% 미만
　　　C. 10% 이상~30% 미만　　D. 10% 미만

06. 아침 기상 시간은 몇 시인가?
　　　A. 매일 다름　　　　　　　B. 오전 8시 이후
　　　C. 오전 6~8시　　　　　　D. 새벽 4~6시

07. 본인 스스로 최초로 투자를 시작한 때가 언제인가? (적금이나 정기 예금, 펀드, 보험 가입, 주식이나 기타 그 외의 것들에 대한 투자를 모두 포함함)
　　　A. 만 30세 이상　　　　　　B. 만 25세 이상~만 30세 미만
　　　C. 만 20세 이상~만 25세 미만　D. 만 20세 미만

08. 지금까지 만기 전에 금융상품을 해지한 비율은?
　　　A. 5% 이상　　　　　　　　B. 30% 이상~50% 미만
　　　C. 10% 이상~30% 미만　　D. 10% 미만

09. 주택청약종합저축에 처음 가입하게 된 계기는 무엇인가? (청약예금, 청약부금, 청약저축 포함)

   A. 가입 안 함

   B. 가족이나 타인에 의해 강제로 가입

   C. 가족이나 타인의 권유로 자발적 가입

   D. 본인의 의지로 가입

10. 현재 금융 포트폴리오 중 가장 많이 차지하는 부문은?

   A. 일반 입출금 예금   B. 적금, 정기예금

   C. 펀드, 보험   D. 채권 등 기타

11. 월간 신용카드 또는 체크카드를 통해 지출하는 평균 금액은 얼마인가?

   A. 1500만 원 이상

   B. 1000만 원 이상 ~1500만 원 미만

   C. 500만 원 이상~1000만 원 미만

   D. 500만 원 미만

12. 2012년 현재 일반 과세 시 이자소득세와 주민세는 각각 몇 퍼센트인가?

   A. 0.5%, 9%   B. 9%, 0.5%

C. 1.4%, 14%　　　　　　　　D. 14%, 1.4%

13. 2012년 현재 연금저축 소득공제 한도는 얼마인가?

　　A. 모름　　　　　　　　　B. 연 100만 원

　　C. 연 300만 원　　　　　　D. 연 400만 원

14. 회사나 학교 생활 외에 가장 많은 시간을 투자하는 부문은 무엇인가? (기본적인 생활인 식사 · 세면 시간 등은 제외함)

　　A. 기타　　　　　　　　　B. 웹서핑

　　C. 친교

　　D. 독서 및 지식 계발(대학원, 공부, 각종 세미나 참가)

15. 하루에 일반 신문, 경제 신문, 인터넷 경제 관련 뉴스 등을 읽는 데 투자하는 시간은 얼마인가?

　　A. 10분 미만　　　　　　　B. 10분 이상~30분 미만

　　C. 30분 이상~1시간 미만　　D. 1시간 이상

16. 주식 투자 방법 중 가장 선호하는 것은?

　　A. 투자하지 않음　　　　　B. 펀드 투자

　　C. 펀드를 제외한 간접 투자(랩어카운트, 변액보험 등을 포함함)

　　D. 직접 투자

17. 일주일 총 운동 시간은 얼마인가?

   A. 1시간 미만   B. 1시간 이상~3시간 미만

   C. 3시간 이상~5시간 미만   D. 5시간 이상

18. 예금보험공사로부터 1인당 예금자보호를 받을 수 있는 금액은?

   A. 원금 1000만 원

   B. 원금과 이자를 포함한 1000만 원

   C. 원금 5000만 원

   D. 원금과 이자를 포함한 5000만 원

19. 재정적 고민에 관하여 가장 많이 의논하는 통로는 어디인가?

   A. 없음

   B. 부모님이나 친구 등 가까운 지인

   C. 재테크 사이트나 인터넷 카페

   D. 은행원이나 보험설계사, 증권상담사를 비롯한 금융 전문가

20. BIS자기자본비율은 위험 자산에 대해 최소 몇 퍼센트의 자기자본을 유지하도록 하고 있는가?

   A. 1%   B. 3%

   C. 6%   D. 8%

21. 향후 부동산 투자 방법으로 가장 선호하는 것은?

    A. 경매 투자   B. 건물 임대나 상가 분양

    C. 아파트 투자   D. 기타

22. 현재 본인이 보유하고 있는 보험은 모두 몇 개인가? (자동차보험 제외)

    A. 없음   B. 4개 이상

    C. 1개   D. 2~3개

	1	2	3	4	5	6	7	8	9	10	11	12	13	14	15	16	17	18	19	20	21	22
답																						
점수																						

* A- 3점, B- 4점, C- 5점, D- 6점

점수	평가
115점 이상	저축의 달인으로서의 성향과 저축 습관, 지식을 이미 갖추고 있다.
100점 이상~115점 미만	단기간에 저축의 달인이 될 수 있는 충분한 가능성이 있다.
85점 이상~100점미만	목적 의식을 가지고 노력하면 향후 5년 안에 저축의 달인이 될 수 있다.
85점 미만	저축의 달인과는 전혀 다른 성향과 저축 습관, 지식을 갖추고 있다.

PART 2

예금풍차를 돌려라

일단 처음 한 개를 만드는 것이 중요해.
첫술에 배부를 수는 없지만 '시작이 반이다'라는 말도 있지.
처음에는 10년까지 생각하지도 마.
일단 1년만 실천하겠다고 마음먹어. 그 1년이 지나면 이 대리의 삶은
마법처럼 바뀌어 있을 걸세.

저축과 행복의
상관관계

"이 대리, 너 생각보다 더 대단한데?"

상 대리는 이 대리에게 엄지손가락을 치켜세웠다.

"역시 우리 이 대리는 마음먹은 건 뭐든지 해내는구먼."

평소 착하고 성실하지만 우유부단한 성격 때문에 이 대리에게 쓴소리를 곧잘 하던 최 팀장도 이제는 전폭적인 지지를 보냈다. 30-30 인터넷 가계부 작성을 통한 절약이 익숙해진 이 대리를 축하하러 모두 최 팀장 집에 모였다. 수요일, 직원 모두 6시 정각에 퇴근해야만 하는 '가족 사랑의 날'이었다.

"절약은 정신까지 건강하게 해 주는 것 같아요. 절약의 근본은 절제임을 깨달았어요."

이 대리의 철든 말에 최 팀장과 장 대리 모두 빙그레 미소를 지었다.

"안녕하세요!"

최 팀장의 초등학교 6학년, 3학년, 유치원생 아들 셋이 쪼르르 달려와 우렁찬 목소리로 인사했다. 두 살배기 딸은 바운서에 누워서 천장을 빼꼼이 바라보고 있는 모습이 최 팀장을 꼭 닮았다.

"아빠, 오늘 왜 일찍 왔어?"

셋째 아들이 최 팀장과 이 대리, 장 대리를 번갈아 쳐다보며 물었다. 가족 사랑의 날에도 늘 10시 넘어서 퇴근하는 최 팀장이었기에 부인과 아이들은 일찍 퇴근한 최 팀장이 무척 반가운 모양이었다.

"여보, 당신이 매일 늦게 오니까 애들이 아빠 얼굴 잊어버리게 생겼어요. 이 대리님, 장 대리님! 우리 남편 퇴근 좀 일찍 하게 도와주세요."

"하하하, 저희가 무슨 힘이 있겠습니까. 저희도 매일 야근이지만 앞으로는 일찍 퇴근하실 수 있게 있는 힘을 다하겠습니다!"

이 대리는 사랑스런 자녀와 아름다운 부인을 곁에 둔 최 팀장의 집에 행복이 넘치는 것을 온몸으로 느꼈다. 50평형대의 아파트는 블랙과 화이트가 잘 혼합된 모던 인테리어가 세련되고 고급스러웠다.

센스 넘치기로 소문난 최 팀장의 부인은 똑똑하기로도 유명한데, 새 집으로 이사하면서 세법 지식을 총동원하여 절세했다고 한다. 기저귀부터 청소기까지 물건 하나를 사도 가격 비교 사이트부터 먼저 들러서 꼼꼼히 비교하고, 막내의 예방접종은 가까운 보건소나 인구보건복지협회(www.ppfk.or.kr)에서 맞히는 부지런함도 발휘했다.

이 대리도 빨리 예금풍차에 성공해서 이런 멋진 집을 장만하고 싶었다. 무엇보다 사랑스런 자녀를 낳고 아내와 함께 웃음이 가득한 일상을 꾸려 나가고 싶었다.

"가계부를 작성하고 매사에 절약하는 생활을 해 보니까 어때?"

"정말 힘들었어. 처음에는 '생은 고'라는 선인들의 말씀이 피부에 와 닿더라니까."

이 대리는 장 대리의 물음에 준비라도 했듯이 그간 겪었던 괴로움을 쏟아냈다.

"정말 내가 이렇게 변하게 될 줄은 나도 몰랐어."

"나도 이 대리가 이렇게 잘 해낼 줄은 몰랐다."

"최 팀장님의 도움이 컸어. 슬럼프에 빠질 때마다 최 팀장님이 뒤에서 격려해 주시고 이겨낼 방법을 제시해 주시지 않았다면 바로 포기했을 거야. 팀장님, 감사합니다."

"이 대리가 잘해냈지. 원래 1단계가 제일 어려워. 대부분의 사람들은 절약하는 생활 습관을 갖는 데서 포기하고 말지."

최 팀장은 잘 씻은 새빨간 딸기를 이 대리에게 집어 주며 말했다. 장 대리는 사과 한 조각을 포크로 콕 찍으며 물었다.

"인터넷 가계부를 작성하고 나니까 뭐가 제일 달라졌어?"

"미래에 대한 불안감이 사라졌어. 폼 나는 삶을 살고 싶다는 막연한 희망을 갖고 있었지만 그것이 현실이 될 거라고는 나 스스로도 믿지 않았거든. 하지만 이제는 다 해낼 수 있을 것 같아."

"이 대리는 원하는 걸 모두 이루며 멋지게 살 수 있을 걸세!"

최 팀장은 진심으로 이 대리의 미래를 축복하고 있었다. 마냥 웃음이 가득하던 이 대리는 문득 묻고 싶은 것이 생각나 머뭇거렸다.

"그런데 언제쯤 예금풍차를 시작할 수 있을지……."

맥주를 한 모금 들이켜던 최 팀장이 맥주잔을 내려놓았다.

"빨리 2단계로 넘어가고 싶은가?"

"네."

"왜지?"

"저는 하루라도 빨리 목돈을 만들고 싶어요. 물론 절약과 가계부 작성으로 절제하는 습관을 갖게 되는 건 반드시 필요한 일이지만……."

"반드시 필요한 일이지만?"

"그것만으로 많은 돈을 모을 수는 없으니까요. 2단계가 저축이고, 3단계가 투자라고 하셨죠?"

장 대리와 최 팀장은 이 대리의 눈빛에서 간절함을 읽을 수 있었다. 장 대리는 1단계를 마무리하고 2단계로 넘어가던 3년 전의 기억이 새록새록 떠올랐다.

"독하게 한 푼씩 아끼며 사는 사람은 많잖아요."

"그렇지."

"그런데 그들 모두가 부자가 되는 건 아니잖아요. 평생 가난하게 사는 사람도 많으니까요."

이 대리는 문득 얼마 전 방송 프로그램에서 본 지독하게 가난한 가정의 일상이 떠올랐다. 남편은 새벽부터 밤늦게까지 열심히 일했지만 가난을 벗어나지 못하는 듯 보였다. 그 모습을 보며 안타까움과 함께 이 대리에게도 언제 그런 어려움이 닥칠지 모른다는 불안함이 교차했다. 자수성가형 부자들은 모두 절약하는 것이 맞다. 그러나 절약한다고 모두 부자가 되는 것은 아니다.

이 대리는 가계부 작성을 통해서 자기 계발 비용에 더 많이 투자하고 있었다. 예전보다 스스로 발전해 나가는 모습을 발견할 수 있었다. 이대로 쭉 노력한다면 회사에서 더 빨리 능력을 인정받을 것 같았다. 그러나 이것만으로는 부족한 느낌이 들었다.

"절약해서 아껴 모은 돈을 재테크를 잘못해서 없애버리는 경우도 많잖아요."

"제대로 된 재테크 방법을 알고 싶다는 건가?"

"네. 서점에는 수많은 재테크 책이 있고 세상에는 수천 개의 금융상품이 존재하죠. 하지만 그중 어떤 책을 선택하고 어떤 상품에 가입할 것이냐는 본인의 선택에 달려 있으니까요. 저는 은행에서 6년을 근무하면서도 고객 개개인에게 100퍼센트 알맞은 상품이 무엇인지, 정작 제 자신에게도 어떤 상품이 100퍼센트 효과적인지 모르고 있었던 것 같아요."

최 팀장은 이 대리의 말에 집중하며 고개를 끄덕였다. 장 대리는 토끼처럼 눈을 동그랗게 뜨고는 이 대리의 이야기에 계속 놀라고 있었다.

"이 대리! 이거 내 예금풍차 후배가 아니라 라이벌이었구나."

"라이벌이라니? 무슨 소리야?"

"최 팀장님. 이 대리 대단하지 않아요?"

장 대리는 진심으로 이 대리한테 감격한 듯했다.

"이 대리도 대단하고 장 대리도 대단해!"

최 팀장이 껄껄 웃으며 다정한 눈빛으로 둘을 바라보았다. 장 대리는 최 팀장에게 예금풍차 프로젝트를 처음 전수받던 때만 해도 이 대리와 같은 진지한 고찰 따위는 하지 않았다. 막연히 '돈을 아끼면 언젠가 돈이 모이겠지'라는 생각으로 1단계를 수행했을 뿐이다. 최 팀장도 장 대리 스스로가 예금풍차를 간절히 갈구할 때만을 기다리며 별다른 진도를 나가지 않았었다.

그랬던 장 대리가 변한 것은 박건물 사장을 만난 후였다. 은행에 자주 내점했던 박건물 사장은 최 팀장의 VIP 고객이었다. 약 2주 동안 지방 연수원에서 팀장급 직무 연수를 받게 된 최 팀장이 박 사장을 장 대리에게 소개시켜 주었고 이를 계기로 둘은 퍽 친한 사이가 됐다.

장 대리는 박 사장을 깐깐하고 철두철미한 50대 중년 남성으로만 인식하고 있었다. 그러나 대화를 나눌수록 그의 인간미에 빠졌고 지점 근처의 내로라하는 큰 건물 두 채를 소유하고 있는 박 사장의 여유로운 품위가 멋지게 느껴졌다.

"박 사장님. 박 사장님은 돈을 어떻게 관리하세요?"

"특별한 방법은 없고, 절약하고 저축하는 거지요. 그리고 기회가 생길 때마다 과감히 투자하고."

"기회요? 어떤 기회를 말씀하시는 거예요?"

"그건 그때그때 다르지요. 아파트나 건물에 투자할 수도 있고, 고금리 채권이 나오면 무조건 사수해야 하고, 주식 시장이 폭락하면 들어가 보기도 하고."

"네. 그렇군요. 근데 그때가 기회인지 어떻게 아셨어요?"

"미리미리 틈나는 대로 공부해 두는 거지요."

50~60대의 대개가 그러하듯 박 사장도 어렸을 적 지독한 가난에 시달렸다. 바느질로 박 사장을 먹여 살린 어머니에게 용돈을 50만 원이 아닌 500만 원씩 드리고 싶어서 더 악착같이 살았다는 박 사장의 이야기가 장 대리의 마음을 움직였다.

박 사장은 건물에서 나오는 월세만 한 달에 3000만 원에 달했지만 늘 절약하는 태도를 잃지 않았다. 한 손에는 경제 신문과 서적이 항상 들려 있었다.

맨주먹으로 시작해 많은 돈을 모은 박 사장은 젊은 시절 재테크에 여러 번 실패했다. 허리띠를 졸라 매며 어렵게 모은 돈을 한 번에 날린 적도 수없이 많았다. 그러나 예금풍차를 알게 된 후부터 더 이상 실수를 하지 않았고, 설령 실수를 한다 해도 금방 만회할 수 있을 정도였다.

'재테크의 기본은 절약이지만 더 중요한 것은 목돈을 굴릴 수 있는 지혜와 혜안이야.'

최 팀장과 박 사장을 보며 장 대리는 깨달음을 얻었다. 예금풍차 프로젝트의 정수인 열두 개 예금 만들기에 돌입하면서 장 대리의 포트폴리오에는 비약적인 변화가 있었다. 한 차원 높은 단계의 재테크 실력을 갖기 위해 스스로를 성찰한 덕분이었다.

"장 대리, 무슨 생각을 그렇게 하나?"

최 팀장이 잠시 멍하니 옛날을 회상하던 장 대리의 어깨를 툭 쳤다.

"옛날 생각하고 있었어요."

장 대리는 정신이 퍼뜩 돌아왔다.

"부란 끊임없는 노력과 인내가 있어야만 얻을 수 있는 것 같아요."

▶ 새 집으로 이사하면서 최 팀장 부인이 활용한 세법 지식은?

소유 기간에 따라 부과되는 자동차세와는 달리 재산세는 과세 기준일(6월 1일) 현재 소유자에게 1년분 재산세를 전부 부과하도록 규정되어 있음을 알고, 집을 팔 때는 계약상 잔금지급일을 6월 1일 이전으로, 매입할 때는 6월 2일 이후로 해서 재산세 부담을 덜 수 있다. 기존 집을 팔면서는 발코니 설치 비용, 방 확장 공사 비용, 보일러 같은 난방 시설 교체 비용 등 자본적 지출분의 영수증을 꼼꼼히 모아서 이것 모두를 필요 경비로 인정받아 양도소득세를 줄일 수 있었다.

예금풍차가 뭔가요?

"이 대리는 절약만으로는 부자가 될 수 없다고 생각하는 거지? 모든 부자는 절약하지만, 절약한다고 모두 부자가 되지는 않는다고 말이야. 돈을 잘 모으고 굴리는 방법에 대해서 알고 싶은 건가?"

"네, 절제된 생활을 통해서 가계부뿐만이 아니라 제 몸과 정신도 건강해지는 경험을 했어요. 하지만 재테크의 기본 의미는 돈을 관리하고 굴리는 기술이니까요. 그 기술을 알고 싶다는 생각이 들어요. 너무 급한 것 같기는 하지만요."

"으음……."

최 팀장은 이 대리의 급한 마음이 염려스러웠다. 그러나 동시에 기특하다는 생각도 들었다.

"돈을 지나치게 추종하는 것은 좋지 않아. 그런다고 돈이 모이지도 않지. 오히려 준비 안 된 사업이나 도박, 주식 등에 빠져서 패가망신하기도 해. 하지만 돈에 관한 건강한 욕심은 삶에 있어 꼭 필요하다네. 돈이 많다고 행복한 건 아니지만 행복하려면 돈이 필요하기 마련이니까. 한마디로 돈은 우리의 삶을 더 행복하게 만들어 주는 도구 중 하나지."

"행복을 위한 도구요?"

TV 프로그램이나 책에서 '행복'이란 단어를 많이 들어 보았지만 상사로부터, 아니 가까운 누군가로부터 직접 '행복'이란 단어를 들어 본 적이 언제였던가 싶었다.

이 대리가 최 팀장에게 배우고자 했던 것은 '돈을 잘 모으고 굴리는 방법'이었지만 그 이면에는 '행복해지는 법'을 배우려는 간절한 소망이 숨어 있던 것은 아닐까.

대학생일 때는 대기업에 입사해서 높은 연봉을 받는 게 목표였고, 취업 후에는 돈을 잘 굴려서 목돈을 만들기를 염원했다. 1차적인 목표는 돈이었지만 돈이 아무리 많아도 행복하지 않다면 아무 소용없었을 것이다.

"맞아요. 제가 진짜 원하는 건 사랑하는 사람들과 행복하게 지내는 삶이에요."

이 대리는 행복이란 두 글자를 반복해서 되뇌었다.

"아저씨! 아저씨들은 우리 아빠 쫄병이에요?"

유치원에 다니는 셋째 아들이 최 팀장을 향해 뛰어오더니 우당탕 안기며 장 대리와 이 대리에게 물었다. 모두 껄껄 한바탕 크게 웃어제꼈다. 부엌에서 차를 준비하던 최 팀장의 아내까지 호호 웃었다.

"쫄병 맞아. 너희 아빠는 우리 장군님이셔."

"우와. 우리 아빠는 쫄병이 두 명이나 있다. 나도 얼른 쫄병 만들어야지. 엄마!"

최 팀장의 셋째 아들은 장난감 칼을 휘두르며 엄마가 있는 주방을 향해 달려갔다. 첫째와 둘째도 의젓했지만 당돌한 셋째 녀석이 참 귀여웠다.

"이미 알고 있겠지만 돈을 잘 굴리려면 최소한의 종잣돈을 먼저 마련해야 해."

이 대리는 장 대리의 말에 동의했다. 이 대리 자신이 고객에게 상품 설명을 할 때 늘 하는 말이었다. 부자들이 으레 더 큰 부자가 되는 것은 그들은 이미 부를 확장시킬 만한 종잣돈이 있기 때문이었다. 아무리 뛰어난 혜안과 정보력을 갖고 있어도 최소한의 밑천 없이는 돈을 굴릴 수 없을 것이다.

"이제 돈을 아끼는 첫 번째 단계는 통과했으니, 돈을 모으는 두 번째 단계를 시작해야겠네."

"이 대리는 어떻게 돈을 모으고 싶어?"

이 대리는 적립식 펀드를 떠올렸다. 적립식 펀드는 평균 매입

주가를 낮춤으로써 안정적으로 수익을 올리기에 적합했다.

"국내형 적립식 펀드에 투자해 보는 건 어떨까요? 직접투자보다는 안정적인 수익을 올릴 수 있으니까요."

최 팀장과 장 대리도 적립식 펀드의 장점을 잘 알고 있었다. 주가가 비쌀 때는 적게 매입하고 주가가 쌀 때는 많이 매입함으로써 매입 가격을 낮추는 코스트애버리징 효과(Cost Averaging Effect)가 뛰어난 상품이다.

"그런데 가지고 있는 자산을 전부 적립식 펀드에 투자할 건가?"

"월급의 일부분만 투자할 수밖에 없을 것 같아요. 적립식 펀드도 주가가 낮아지면 수익률이 마이너스니까요."

"맞아. 아무리 좋은 주식이라도 살 때보다 더 쌀 때 팔면 손해를 볼 수밖에 없지. 주가가 낮아서 수익률이 마이너스여도 자금이 급해서 펀드를 환매할 수밖에 없던 고객을 많이 보지 않았나."

"네. 그래서 여윳돈만 넣으려고요. 자금의 일부분만요."

"그럼 그 외의 자금은 어떻게 관리하게?"

"글쎄요······."

이 대리는 고개를 갸웃거렸다.

"이제 2단계에 대해 본격적으로 설명해야 할 때가 왔구먼. 이 대리, 예금풍차는 한마디로 매달 한 개씩, 1년에 열두 개의 예금을 만들어서 굴려 나가는 거네. 복리 효과를 노리는 거지."

"복리 효과요?"

"응. 복리 상품은 대다수가 가입 기간이 길어. 하지만 예금풍차는 내가 복리 효과를 만들기 때문에 중간에 해지하기가 용이해."

"어떻게 하는 건데요?"

"1월에 월급에서 생활비를 쓰고 남은 돈 모두를 정기예금에 예치하는 거지. 2월에는 또 새로운 정기예금을 만들고, 3월에도 역시……. 다음 해 1월이 되면 만기가 돌아온 정기예금을 해지해. 그리고 원금과 이자를 그대로 다시 재예치하는 거야. 물론 그 달 월급 쓰고 남은 돈도 합쳐서 넣어야지."

"우와. 보통 예금 만기가 되면 이자는 써버리잖아요. 그런데 쓰지 않고 다시 재예치한다는 건가요?"

"그렇지! 그래야만 복리 효과를 볼 수 있으니까."

"1년 동안 열심히 저축한 보상으로 이자는 쓰면 안 되나요? 가족과 근사한 곳에서 외식을 하거나 아내에게 예쁜 옷을 선물한다든지요."

"안 될 말이지. 예금풍차 2단계는 목돈을 모으는 과정이잖나. 아직 목표한 목돈을 마련하지도 못했는데 소비 습관부터 든다는 것은 절대 안 될 말씀이야."

"네. 눈앞의 달콤한 마시멜로의 유혹을 참아내야 평생 맛있는 마시멜로를 즐기면서 살 수 있겠죠. 아, 그런데 제가 잘 해낼 수 있을지 정말 모르겠어요."

"이 대리는 누구보다 잘 해낼 거네. 보통 사람들보다 1단계를 훨씬 빨리 성공적으로 적응하지 않았나."

"정말요?"

셋째 아들을 품에 꼭 안고 말하는 최 팀장의 이야기를 들으니 이 대리는 용기가 났다. 최 팀장은 후배들에게 동기부여를 하는 데 탁월한 재주가 있는 상사였다. 이 대리는 최 팀장의 나이가 되면 그처럼 후배들에게 존경받는 상사가 되어야겠다고 마음먹었다.

"그럼 예금풍차를 하려면 무엇부터 해야 하나요?"

"금리 비교를 해야지."

장 대리가 빙긋 웃으며 말했다.

"예금자보호가 되는 선에서 가장 높은 금리의 정기예금 상품부터 찾아야 해."

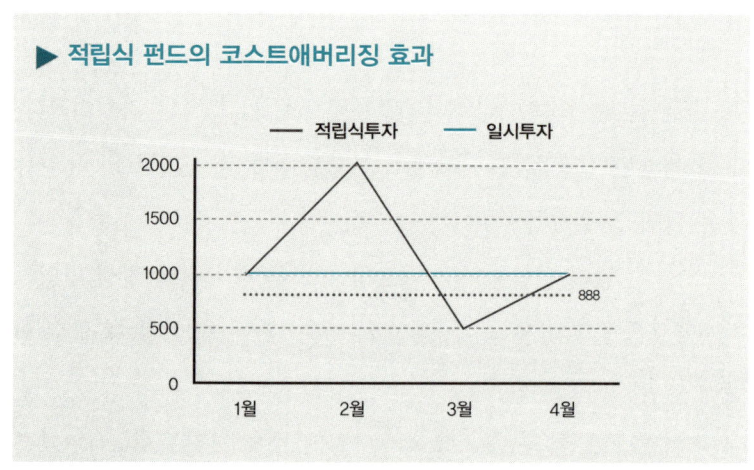

월	기준가	적립식투자		일시투자	
		투자원금	매입좌수	투자원금	매입좌수
1	1,000	100	1,000	400	4,000
2	2,000	100	500		
3	500	100	2,000		
4	1,000	100	1,000		
합계		400	4,500	400	4,000
평균매입가		400만 원/4,500=888		400만 원/4,000=1,000	
수익률		11.2%		0%	

적립식 펀드의 가장 큰 장점인 코스트애버리징 효과는 매달 동일한 금액을 투자할 경우, 주가기 높을 때는 적은 수량의 주식을 사고, 주가가 낮을 때는 상대적으로 많은 수의 주식을 매입함으로써 평균 매수 단가를 하향 표준화시키는 효과다. 하락장과 상승장을 반복하면서 장기적으로 보면 코스트애버리징 효과로 수익률이 꾸준히 상승하게 된다.

1월에 주가가 1000원으로 시작해서 4월에 다시 1000원으로 돌아왔을 때, 적립식 투자를 한 경우에는 수익률이 11.2퍼센트였고, 일시 투자 시에는 수익률이 0퍼센트였다. 이는 3월처럼 주가가 낮을 때는 매입좌수를 높이고(기준가: 500, 매입좌수: 2000), 2월처럼 주가가 높을 때는 매입좌수를 낮춤으로써(기준가: 2000, 매입좌수: 500) 평균 매입단가가 888원이 되었기 때문이다. 하지만 주식 시장에서 코스트에버리징 효과를 누리려면 주가가 장기적으로 우상향해야 한다. 장기 시장에서 우하향할 경우 이익을 실현시킬 수 없다는 것을 기억하자.

예금풍차의 기본 시스템

목돈을 예치하러 은행을 찾는 고객들은 대부분 1년짜리 정기예금에 가입한다. 이 경우 1년이 지나야만 만기가 되고 이자를 수령하는 기쁨을 누릴 수 있다. 이렇게 만기가 된 돈을 다시 1년짜리 정기예금에 가입하고 또 1년을 기다려야만 만기가 되고 이자를 수령할 수 있다.

문제는 이 1년이란 기간이 생각보다 무척 길다는 것이다. 실제로 만기까지 유지하는 고객보다는 결혼자금, 주택 마련, 자녀 학자금, 자녀 교육비, 여행 비용 등을 이유로 채 1년을 버티지 못하고 정기예금을 해약하는 고객이 부지기수다.

그런데 예금풍차는 한 달에 한 개씩 정기예금 계좌를 개설하는 것이다. 그렇게 1년만 지나면 한 달마다 정기예금의 만기가 돌아온다. 처음 1년의 시간만 참고 기다리면 2년차 때부터는 매달 정기예금의 만기가 돌아오는 행복을 맛볼 수 있다.

예금풍차의 가장 중요한 점은 만기가 돌아온 정기예금에 원금과 이자를 그대로 재예치하는 것이다. 이자까지 재예치함으로써 복리 효과를 얻을 수 있다. 또한 급여를 추가로 불입하여 원금도 함께 늘려 나간다.

요즘은 인터넷뱅킹이 활성화되어 있기 때문에 열두 개의 정기예금을 개설하든 스물네 개의 정기예금을 개설하든 전혀 문제가 되지 않는다. 두 달에 한 개씩 여섯 개, 보름에 한 개씩 스물네 개 등, 운용할 정기예금의 개수는 본인의 자산 현황에 따라 임의로 설정할 수 있다.

다시 꿈이
움트다

　　김 지점장의 강철 같은 경영 철학은 지점을 다소 경직된 분위기로 몰고 갔다. 예전에는 은행이 체질에 안 맞는다거나 나의 적성을 찾아서 빨리 떠나야겠다는 둥 현실에 대한 걱정과 불안감을 농담 반, 진담 반으로 쏟아냈을 이 대리의 눈빛이 늘 생기 있게 반짝거렸다.
　　이제는 다른 직원이 많이 힘들어하면 먼저 찾아가서 격려를 하기도 하고 직장을 제2의 가정처럼 여기는 모습이 보였다. 인터넷 가계부를 작성하고 예산을 수립하면서 능동적이고 적극적인 삶의 태도를 갖게 된 영향도 적지 않았다. 다음 달이면 본격적으로 예금 풍차를 시작한다는 기대감 덕분에 첫 월급을 받을 때보다도 더 설레는 마음으로 급여일을 손꼽아 기다리고 있었다.

사람들이 지갑을 가장 쉽게 연다는 연말이 다가왔다. 소비를 할 수밖에 없게 만드는 화려한 광고들이 온갖 미디어를 도배했지만, 예금풍차를 성공적으로 시작하고 싶다는 열망이 이 대리를 오히려 더 행복하게 했다.

예금풍차는 매월 받는 급여를 기본으로 굴러간다. 월급에서 이것저것 다 쓰고 남은 금액만 저금하던 때와는 급여에 대한 접근 개념 자체가 비교 불가였다. 적은 급여를 언제 모으고 굴려서 목돈을 만드느냐는 회의감에 젖었던 때가 있었던가 싶을 정도로 월급을 귀중하게 여기는 마음이 눈덩이처럼 커져 갔다.

급여란 회사에서 알아서 주는 것이라는 수동적인 자세로 직장 생활을 시작했지만 이제는 직장을 대하는 마음가짐도 바뀌었다. 예금풍차를 더 빨리 성공적으로 수행하기 위해서는 급여가 많아야 유리하기 때문만은 아니었다. 더 높은 직급에 올라야 기본급이 올라가고, 더 많은 성과를 내어야 성과급이 높아지는 것은 맞지만 이러한 사실만으로는 이 대리 마음의 변화를 설명할 수 없었다. 재테크에도 목표가 필요한 것처럼 내 인생에서도 목표를 놓치지 않겠다는 확고한 동기부여를 예금풍차가 매달 상기시켜 주기 때문이란 것 빼고는……

능동적인 삶의 태도는 초심을 잃지 않을 때만 유지된다. 첫 월급을 받고 부모님께 내복을 사 드리던 설렘, 회사의 유능한 CEO가 되고 싶다는 신입사원 시절의 패기 만만한 포부를 한참 동안 잊고 있었다. 예금풍차를 통해 성실한 땀의 대가인 급여의 의미를 새롭게 되새기자 가슴 속 깊은 곳에 감춰 두었던 '꿈'이 강렬하게 움직이기 시작했다.

▶ **손쉽게 목돈을 모으기 위한 예금풍차**
1. 예금자보호가 되는 선에서 가장 높은 금리의 정기예금 상품을 확인한다.
2. 월급에서 지출액을 뺀 나머지 금액으로 한 달에 한 개씩 정기예금에 가입한다.
3. 전달과 다음 달의 가입 금액을 비교한다. 가입 금액이 적어진 경우, 다음 달 미래 지향형 가계부 작성에 참고한다.
4. 다이어리나 블로그에 주의할 점을 메모하고 기억한다.
5. 한 달에 한 개씩 주의점을 메모지에 작성하여 지갑에 넣고 수시로 살핀다.

한 달에 하나,
1년 열두 개의
정기예금

크리스마스 열흘 전이었다. 이 대리는 일찍 퇴근해 아내와 저녁을 먹고 안방에 들어가 새베크 서적을 읽었다. 아내는 주방에서 달그락거리며 설거지를 시작했고, 몸조리를 위해 와 있는 어머니는 TV 드라마에 푹 빠져 있었다.

어머니의 건강은 많이 회복되었지만 아직 완전히 마음을 놓을 정도는 아니었다. 가슴이 답답하고 뻐근한 통증이 아직도 느껴진다고 했다. 언제 닥칠지 모르는 어머니의 심장 수술을 대비해 더 열심히 저축해야 했다. 그래도 최 팀장과 장 대리의 도움을 받으며 예금풍차를 시작한 이후로 마음이 한결 가벼워졌다. 저축도 목표를 가지고 정진해 나갈 때 더 즐겁게 할 수 있음을 깨달았다.

최 팀장과의 식사는 슬럼프에 빠지기 쉬운 때였던 이 대리에게 큰 힘이 되어 주었다. 최 팀장을 멘토로 장 대리를 저축 동료로 두고 있는 이 대리는 천군만마를 등에 업은 것처럼 든든했다.

단지 목돈을 모으는 것만이 목표는 아니었다. 이 대리에게는 세상에서 가장 행복한 사람이 되고 싶다는 간절한 소망이 있었다. 이 대리의 마음 깊은 곳에서 행복에 대한 열망이 열렬히 차오르고 있었다.

최 팀장은 이 대리에게 예금풍차를 성공적으로 수행하기 위한 다섯 가지 임무가 적혀 있는 메모지를 자리에 올려놓고 갔다. 이 대리는 누군가가 "예금풍차 1번은?" 하고 물으면 바로 대답할 수 있을 정도로 메모를 달달 외웠다.

다섯 가지 임무는 한 번에 끝나는 일이 아니라 매달 되풀이 되어야만 했다. 얼핏 봤을 때는 별것 아닌 것 같았지만 실제로 실행하는 것은 결코 쉽지 않았다. 이제 본격적으로 예금풍차를 수행하는 기분이 들었다. 이렇게 1년만 지속해도 저축 습관이 제대로 들 것 같았다. 시작한 지 몇 달 되지 않았지만 예금풍차 프로젝트에 대한 의욕은 점점 불타올랐다. 순식간에 시간이 흐를 것 같았다.

'마치 회사 장기 프로젝트의 중대한 임무를 맡은 것 같아.'

회사에서 강제로 시키는 것도 아니고 이 대리가 원하면 얼마든지 그만 둘 수 있는 것이었지만 반드시 끝까지 해내고 싶었다. 10년의 기간을 한결같이 절약하고 저축하며 산다는 것은 결코 쉽지 않으리라. 그러나 물심양면으로 이끌어 주는 최 팀장과 장 대리를 실망시키고 싶지 않다는 마음도 컸다.

"왜 꼭 열두 개의 정기예금이죠?"

휴식 시간에 최 팀장과 아메리카노를 한잔하며 물은 적이 있었다.

"사실 꼭 열두 개를 할 필요는 없어. 한 달에 두 개의 정기예금에 가입해서 1년에 스물네 개의 예금을 만들 수도 있고, 두 달에 한 개의 정기예금에 가입해서 1년에 여섯 개만 만들 수도 있지. 이 대리가 처한 상황이나 자금 현황에 따라 유연하게 행동하면 돼."

"그러면 왜 한 달에 한 개씩 열두 개를 만들라고 지정해 주신 거예요?"

"이 대리는 급여가 불규칙한 사업자나 프리랜서가 아니잖아. 한 달에 한 번씩 꼬박꼬박 급여가 입금되는 직장인이니까 일단 1년 열두 개를 목표로 하는 게 실천하기 간편할 거야. 우리 회사 보너스가 2월, 5월, 8월, 11월, 이렇게 1년에 네 번씩 들어오니까 그 달들에만 예금을 한 개씩 더 추가해도 좋고. 응용하는 건 모두 이 대리 몫이야. 그런데 가장 중요한 건……."

이 대리는 최 팀장의 입을 빤히 바라보았다.

"일단 처음 한 개를 만드는 것이 중요해. 첫술에 배부를 수는 없지만 '시작이 반이다'라는 말도 있지. 계획에 치중하고 생각만 하다 보면 그냥 생각으로 끝나기 쉬워. 처음에는 10년까지 생각하지도 마. 일단 1년만 실천하겠다고 마음먹어. 그 1년이 지나면 이 대리의 삶은 마법처럼 바뀌어 있을 걸세."

"마법처럼요?"

이 대리의 동공이 자두만큼 커지는 듯했다. 1년 후에 마법처럼 달라져 있을 삶이 어떤 모습일지 상상되지 않았다. 돈을 많이 모으고 재테크에 성공한 모습만 그려 보았지 그 외의 변화는 상상해 본 적이 없었다.

그런데 최 팀장의 이야기를 듣고는 전반적으로 혁신된 삶을 예측할 수 있었다. 이미 절약하고 절제하는 것만으로도 몸과 마음이 건강해지는 것을 체험하지 않았던가.

'일단 너무 많이 생각하지 말고 1년에 도전해 보는 거야.'

창밖으로 하얀 눈이 내렸다. 얼마 남지 않은 크리스마스를 하늘도 축복하고 있었다.

> ▶ **예금풍차 2단계: 열두 개의 정기예금으로 예금풍차 시작하기!**
>
> 한 달에 한 개씩 정기예금 계좌를 개설하면 1년 후 한 달마다 정기예금의 만기가 돌아온다. 만기가 된 원금과 이자를 또다시 정기예금에 재예치하면 이자까지 재예치함으로써 복리 효과를 얻을 수 있는 것이다! 하지만 꼭 열두 개일 필요는 없다. 다만 직장인들은 보통 한 달에 한 번 급여가 들어오므로 '1년 열두 개'를 목표로 하는 것이 가장 간편하다.

재테크
워밍업

 크리스마스가 다가오면서 지점에도 들뜬 분위기가 감돌았다. 은행은 연말이면 고객들로 더 북적거렸다. 재작년과 작년은 조세 지원 제도가 크게 감축되면서 새해를 맞이하는 고객과 상담을 하는 은행원끼리 한숨을 푹푹 쉬고는 했다. 올해는 별다른 조세 지원 감축안은 없었지만 금리가 예년에 비하여 많이 낮아졌다. 앞으로 더 낮아질지도 모를 일이었다. 예금풍차의 기본은 정기예금에 가입하는 것이기 때문에 금리가 높을수록 좋았다. 장 대리는 0.1퍼센트의 금리도 꼼꼼히 비교하고 가입하라고 했다.
 정기예금 만기 시에 받는 이자는 이미 세금이 공제된 후다. 원금을 제외한 이자가 100만 원이라고 하면 소득세 14퍼센트에 주민세 1.4퍼센트(소득세의 10퍼센트)를 더한 15.4퍼센트, 즉 15만 4000원을 제외한 84만 6000원만 이자로 지급된다. 이자를 조금이라도 더 받기 위해서는 절세 상품을 적극적으로 활용해야 한다는 것은 이 대리도 고객에게 누누이 강조하는 바였다.

이 대리는 근무하는 은행뿐만이 아니라 모든 금융기관의 정기예금 금리를 꼼꼼히 살피는 것으로 본격적으로 예금풍차를 시작했다. 이 대리가 근무하는 제1금융권 은행에는 인터넷이나 스마트폰으로 가입할 경우 1~2퍼센트 정도 높은 금리를 제공하는 상품이 있었다. 기존 가입자의 추천 번호를 입력하면 추천하는 사람, 추천받는 사람 모두 최고 0.3퍼센트까지 0.1퍼센트의 금리를 추가 제공했다. 금리가 많이 낮아진 요즘 최고로 인기 있는 상품이었기 때문에 이 대리는 우선 스마트폰으로 가입하는 상품부터 가입했다.

최근 BIS자기자본비율이 낮은 상호저축은행 몇 개가 도산하면서 상호저축은행의 인기가 떨어졌지만 상호저축은행중앙회 홈페이지(www.fsb.or.kr)에 방문하여 각 저축은행의 현재 경영 정보도 샅샅이 살펴보았다. BIS자기자본비율이란 BIS(Bank for International Settlements, 국제결제은행)가 만든 은행의 위험자산 대비 자기자본비율을 말하는 것인데, 위험자산에 대하여 최소 8퍼센트 이상의 자기자본비율을 유지하게끔 되어 있다. 일일이 상호저축은행의 경영 정보를 살펴보기 힘들 때에는 BIS자기자본비율이 8퍼센트 이상이고 고정이하여신비율이 8퍼센트 이하인 우량한 저축은행만을 모아 놓은 88클럽 가입 여부를 검토했다. 이 또한 상호저축은행 홈페이지나 각 은행 홈페이지를 통해 확인할 수 있었다.

은행원인 이 대리도 어떤 상품에 가입할까를 결정하는 것은 결코 쉽지 않았다. 은행원이기에 오히려 더 까다롭게 따지게 되어 어려운 면도 있었다. 이 대리는 생각이 많아지면 꼭 커피 한 잔을 마시는 습관이 생겼다. 술과 담배를 하지 않았지만 커피 중독이라고 할 정도로 커피를 많이 마셨다. 커피를 점차 줄여 나가고 대신 물을 많이 마셔야겠다고 생각했다.

딩동!

오늘 이 대리가 맞는 마지막 고객이었다. 고등학교를 갓 졸업하고 대학교에 다니는 남학생이었는데, 매달 들어오는 아르바이트비로 적지만 저축을 시작한다고 했다. 은행에 저축상품을 가입하러 온 것은 거의 처음이라고 했다. 상품 이율과 세금 원천징수에 관한 기초적인 것부터 설명해 나갔다.

"저, 그런데요……. 예금자보호라는 것은 원금만 보장해 주는 건가요? 이자까지 합친 금액을 보장해 주는 건가요?"

예금에 가입하는 고객들이 가장 많이 하는 질문 중 하나였다.

"예금보험공사로부터 1인당 원리금 5000만 원까지 보장해 주는 거예요. 원리금이니까 당연히 원금과 이자를 포함한 5000만 원이겠죠?"

이 대리는 자신의 학창 시절이 떠올랐다. 대학교 3학년까지는 예금자보호가 무엇인지, 얼마까지 보장해 주는지 전혀 알지 못했다. 두근거리는 마음으로 은행을 내점했고 서글서글한 인상의 퍽 예쁜 은행원 누나를 만났었다. 그때 그 은행원 누나의 친절하고 자세한 설명으로 은행에 대한 호감도가 높아졌던 기억이 새록새록하다. 지금 이 학생도 이 대리 정도의 나이가 되면 이 대리를 떠올리며 은행에 대한 좋은 이미지를 가졌으면 좋겠다는 생각이 들었다.

마지막 고객과 상담을 마치고 목이 말라서 정수기로 향했다. 커피를 마실까 냉수를 마실까 진지하게 고민하던 이 대리는 종이 컵을 뽑아서 냉수를 따랐다. 자리로 돌아와 벌컥벌컥 물을 마시고 있는데 웬 낯선 이름의 동료가 메신저로 말을 걸었다.

'이 대리님, 안녕하세요!'

'네, 안녕하세요. 죄송하지만 누구시죠?'

'네. 저는 여의도서지점에서 근무하는 왕수재 계장이라고 합니다.'

어디서 많이 들어 본 이름이었다. 한 직급 아래지만 나이가 더 많을지도 모를 일이었다. 도저히 누군지 감이 잡히지 않았다.

'네, 왕수재 씨 안녕하세요. 그런데 무슨 일이시죠?'

'다름이 아니라…… 장절친 대리님 소개를 받고 이렇게 메신저로 인사드립니다. 아까 전화드렸었는데 잠깐 지점장실에 가셨다고 하더라고요.'

'아! 전화하신 분이 왕수재 계장님이셨군요. 그런데 장 대리가 왜……?'

'제가 장 대리님의 지도로 예금풍차를 한 지 꽤 됐거든요. 요즘 슬럼프인지 자꾸 예금을 해지하고 싶다고 하니까 이 대리님을 소개시켜 주더라고요. 힘들 때 함께 이야기하고 의지할 수 있는 재테크 동료가 있으면 슬럼프에서 쉽게 벗어날 수 있을 거라고요.'

'아, 네. 그렇군요. 이렇게 메신저로라도 만나게 되어서 반갑습니다. 왕수재 계장님 꼭 한번 뵙고 싶네요. 그럼 가까운 시일 내에 장 대리와 함께 셋이 밥이라도 먹을까요?'

'네. 저도 꼭 뵙고 싶습니다.'

'그럼 조만간 약속 잡죠. 퇴근 잘 하세요.'

왕수재 계장은 메신저 창을 닫고 나갔다. 장 대리에게 메신저로 말을 걸었으나 바쁜지 대답이 없었다. 이 대리는 남은 물을 들이켜며 왕수재란 이름을 몇 번이나 되뇌었다. 아무래도 귀에 익었다. 인사 포털에서 왕수재를 검색해 보고서야 이 대리는 무릎을 탁 쳤다.

하버드 대학교를 졸업하고 국내 은행을 지원한 한 기수 아래의 후배에 관한 소문이 은행 내에 자자한 적이 있었다. 아무리 미국 시장이 불경기이고 국내 대기업 취업이 어렵다고는 하지만 세계 최고의 명문 대학을 졸업한 인재가 국내 은행에 입사했다는 것은 큰 이슈였다. 그 후배의 이름이 바로 왕수재였다.

"걔는 도대체 여기 왜 들어왔대? 행장이라도 하려는 건가?"

"미국에서 쭉 살았다고 하던데 어디 적응이나 하겠어? 한 달

일하고 그만두는 거 아니야?"

시끌시끌했던 은행 내부 분위기와는 전혀 상관없이 그 후배는 한국 문화에 꽤 잘 적응하며 싹싹하고 성실하게 업무를 수행한다는 소문이 들려왔다.

'시간 참 빠르다…….'

왕수재 계장에 관한 소문이 돌던 것이 엊그제 같은데 벌써 몇 년이 후딱 지나가버렸다. 잠깐이지만 왕수재 계장과의 대화는 즐거웠다. 장 대리와 함께 식사 자리를 마련하면 왜 하필 은행에 입사했는지 물어보고 싶었다. 옆 자리의 민 대리는 벌써 퇴근했는지 사라지고 없었다. 시계를 바라보니 7시를 가리키고 있었다. 이 대리도 컴퓨터 모니터를 끄고 퇴근 준비를 시작했다.

비과세와 절세 상품

구분	세금우대 저축	세금우대 종합저축	생계형 저축	일반 과세
가입 자격	만 20세 이상	만 20세 이상	• 만 60세 이상 • 국가유공자 • 장애인 • 기초생활수급자	제한 없음
취급 기관	새마을금고, 신협, 단위 농수협	은행, 상호저축은행, 새마을금고, 신협, 단위 농수협	전 금융기관	전 금융기관
한도 금액	3000만 원	1000만 원 (생계형 저축 대상자 3000만 원)	3000만 원	제한 없음

세율	농특세 1.4%	소득세 9% 농특세 0.5%	0%	소득세 14% 주민세 1.4%
이자 소득 40만 원 (예금 1000만 원, 1년 금리 4%)	실수령 이자 394,400원	실수령 이자 362,000원	실수령 이자 400,000원	실수령 이자 338,400원
실수익률	3.94%	3.62%	4.0%	3.38%
특징	• 취급 기관별이 기 때문에 조 합 간 중복 활 용 가능 • (준)조합원 대 상이므로 조합 원 자격 등록 을 위한 출자 금(2000~5만 원)을 납입해 야 함		중도해지를 해도 비과세 혜택은 유 지됨	

* 만 20세 이상인 경우, 전 금융기관에서 1000만 원까지는 '세금우대 종합저축'으로 소득세 9퍼센트와 농특세 0.5퍼센트인 9.5퍼센트만 원천징수된다. 제1금융권을 제외한 곳에서만 혜택을 볼 수 있는 '세금우대 저축'은 만 20세의 경우 3000만 원까지는 농특세인 1.4퍼센트만 원천징수된다. 연합회나 중앙회를 제외한 새마을금고, 단위농협, 단위수협, 신협의 협동조합에서만 가입할 수 있는데, 재테크에 밝은 사람들은 그 혜택을 놓치지 않고 이용한다. 똑같은 금리더라도 절세 상품의 경우에는 금리가 절세분만큼 상승되는 효과를 가져오기 때문이다.

* 만 60세 이상의 경우에는 거의 전 금융기관에서 3000만 원 한도까지 비과세, 3000만 원까지 세금우대 종합저축, 새마을금고, 단위농협, 단위수협, 신협에서는 3000만 원까지 세금우대 저축의 혜택을 볼 수 있다.

예금풍차를 할 수 있는 주요 은행의 대표적인 정기예금상품(2012년 7월 현재)

최저 가입금액	금융기관명	상품명	금리 (연이율 세전, 12개월 예치 시)	세후수령액 (세금우대, 1000만 원 예치 시)
제한 없음 (10만~20만 원 가능)	기업은행	신서민섬김통장(거치식)	3.80%	10,343,900원
	우리은행	O-range정기예금, CD 금리 연동, 인터넷뱅킹	3.84%	10,347,520원
	기업은행	IBK e-끌림통장 (정기예금)	3.50%	10,316,750원
50만 원 이상	신한은행	신한두근두근커플정기 예금, 스마트폰전용	3.92%	10,354,760원
100만 원 이상	한국산업은행	KDBdirect/Hi정기예금, 인터넷, 스마트폰	4.30%	10,389,150원
	하나은행	스마트폰우대정기예금	4.30%	10,389,150원
	KB국민은행	KBsmart폰예금	4.00%	10,362,000원
	KB국민은행	e-파워정기예금,	3.80%	10,343,900원
	외환은행	e-파트너정기예금	3.70%	10,334,850원
300만 원 이상	SC제일은행	홈앤세이브예금	3.80%	10,343,900원

* 깔끔하고 보기 편하게 금리 비교가 가능한 곳을 찾는다면 http://www.kfb.or.kr, www.moneta.co.kr 를 먼저 방문하자. 공시가 늦어져 실제 금리와 차이가 나는 경우가 가끔 있으므로 은행 홈페이지에 방문하여 직접 비교해 보는 것이 정확하다.
* 우대금리는 각 상품별로 0.1~1.0퍼센트까지 적용 가능하다.
* 금리가 높은 상품은 최대 가입 금액에 제한이 있는 경우가 많다(예를 들면 하나은행 스마트폰우대 정기예금의 최대 가입 금액은 1000만 원 이내).
* 세후수령액이란 세금을 제한 후의 실제 만기 금액을 나타낸다. 세전금리가 동일하더라도 이자 세금에 따라 세후 수령액이 차이가 난다.
* 예금 금리는 2012년 6월 14일 기준 금융기관별 공시 기본 금리이며, 예금 신규 시 예금액 및 영업점, 이자 세금, 추가금리에 따라 만기 금액이 달라질 수 있다.

예금풍차는 함께 돌려야 제맛!

남자임에도 불구하고 반짝반짝 빛나는 피부를 뽐내는 그는 꽤 미남이었다. 영어로 이야기하는 것을 직접 들어 본 적은 없지만 한눈에 봐도 외국물 좀 먹은 해외파였다. 외국환 전문가가 되기를 꿈꾸는 이 대리는 12주 프로그램의 외국환 연수를 신청한 후 주말마다 그를 볼 수 있었다.

"졸리지 않으세요?"

왕수재 계장은 쉬는 시간이면 으레 이 대리를 찾아와 먼저 말을 걸고는 했다.

"고3 이후로 제일 열심히 공부해 본 것 같아요."

한국의 입시 지옥을 절절히 체험한 이 대리는 그의 학창 시절이 어땠을까 궁금했다. 미국에서는 악기와 운동 하나씩은 필수로 익혀야 한다는데, 왕 계장도 럭비 같은 운동을 하고 지냈을까? 궁금한 것은 많았지만 정작 긴 대화를 나눌 시간이 전혀 없었다. 오전 12시부터 저녁 8시까지 진행되는 연수는 한 시간마다 주어지는 5분의 쉬는 시간을 빼면 숨 돌릴 틈 없이 돌아갔다. 그런데 오늘은 장 대리가 왕 계장과 이 대리를 보러 친히 본부로 온다고 했다.

"이야, 둘 다 대단해! 황금 같은 주말을 포기하고 연수를 듣다니 말이야."

마침 이 대리에게는 황금보다 더 귀한 주말을 포기한 것에 대한 후회가 쓰나미처럼 밀려오는 중이었다.

"장 대리, 이거 생각보다 장난 아니야. 2교시만 되면 잠이 솔솔 오는 게 누가 수면제 먹인 것 같아."

"이 대리! 자려면 차라리 집에서 편안히 자기라도 해. 잠꾸러기 같으니라고!"

장 대리는 싱글벙글 웃으며 계속 장난쳤다. 8시에 연수가 모두 끝나고 다 함께 종로에 있는 맥주바로 향했다. 이 대리는 왕 계장이 퍽 괜찮은 사람인 것 같았다. 소개해 주는 사람이 누구냐에 따라 인상이 바뀌기 마련인데, 장절친 대리가 소개한 사람이라서 그런지 더 성실하고 솔직하고 진솔해 보였다. 학벌에 대한 지나친 잘난 척도 전혀 없고 겸손했다. 잘난 사람이 잘난 척하는 것을 나쁘게 생각하지는 않지만, 잘난 사람이 겸손하기까지 하면 더 깊은 내공이 있어 보여 존경심이 들었다. 이 대리는 왕 계장에게 깊은 호감을 가지고 있었다.

"이 대리, 왜 그렇게 왕 계장을 뚫어져라 쳐다봐?"

"그냥 왕 계장이 괜찮은 사람 같다는 생각이 들어서."

"하하하! 많이 부족한데 그렇게 봐 주시니 감사합니다."

왕 계장은 기분이 좋은지 입이 귀에 걸리도록 웃으며 손사레를 쳤다.

"왕 계장, 많이 밝아졌어."

"하하! 네……."

"왜? 언제 왕 계장이 우울할 때가 있었나?"

마냥 밝아 보이기만 하는 왕 계장이었다. 이 대리는 왕 계장의 입사 동기와 하버드 대학교 재학 시절의 이야기를 들을 수 있는 타이밍임을 직감했다. 굳이 후배의 사생활을 알고 싶다기보다는 더 친해지고 싶은 마음이 간절했다.

"대학교 졸업할 때쯤에 부모님이 이혼을 하셨어요. 저랑 제 동생 교육시킨다고 제가 중고등학생일 때 아버지만 혼자 한국에 남아 계셨는데, 소위 기러기 아빠라고 하죠? 두 분 사이가 그렇게 나쁜지 몰랐어요. 부모님께서 저희 학교 다닐 동안만은 버티려고 하셨나 봐요. 저희 교육이 어느 정도 끝나 간다고 생각하셨는지……."

장 대리가 왕 계장의 어깨를 토닥토닥 두드렸다.

"한국에 먼저 돌아간 동생과 각자 살고 계실 부모님이 많이 걱

정됐어요. 그런데 한국에 돌아오기로 결심한 건 꼭 가족 때문만은 아니에요. 외국에서 열심히 공부했으니 그 실력을 한국에서 발휘해 보고 싶었어요. 원래 금융 쪽에 관심이 있었고, 그래서 대한민국에서 가장 큰 은행에서 일해 보자 결심했죠. 밑바닥부터 시작해 보자고요. 저 군대도 다녀왔어요."

"아, 그렇군. 왕 계장 군대도 다녀왔어? 이거 점점 더 호감이 가는걸?"

"하하. 역시 뭐가 달라도 달랐어."

심각했던 분위기는 왕 계장의 군대 시절 이야기로 넘어갔다. 그렇게 셋은 좀 더 친근해진 느낌으로 대화를 이어 나갔다. 내일 출근이 걱정스럽기는 했지만 시간을 붙들어 놓고 싶을 만큼 즐거웠다. 이 대리는 크림 같은 거품이 매력적인 검은색의 기네스를 홀짝홀짝 들이켰다.

재테크 루키,
왕 계장의 고백

"원대한 포부를 가지고 은행에 입사했지만 처음에는 실망스러웠어요. 네가 언제까지 버틸 수 있냐는 시선으로 쳐다보는 것도 힘들었고, 모르는 업무를 배우고 싶은데 옆자리의 과장님과 대리님이 저를 투명인간으로 대하셔서 실수투성이었죠. 급여도 저희 기수부터는 많이 삭감됐잖아요. 허리띠를 졸라매고 한 달에 100만 원씩 저축해도 1년이면 1200만 원이고 그렇게 10년을 모으면 1억 2000만 원이에요. 큰돈이지만 바꾸어 생각하면 서울의 아파트 전셋값도 안 되는 돈이죠. 점점 높아만 가는 대한민국 물가를 생각하면 언제 돈 모아서 결혼하고 집도 살지 깜깜했어요. 제가 성인인데 부모님께 손 벌릴 수도 없고, 학교에서 공부는 잘한 편이었지만 세상에 나와 보니 저는 정말 나약하고 한심한 인간일 뿐이었어요. 밤마다 다시 미국으로 돌아가버릴까 머리를 쥐어뜯으며 고민했어요. 하지만 한국에서 승부를 보자고 결심한 이상 이대로 물러설 수는 없었죠. 제 삶에는 혁신적인 변화가 필요했어요."

그리고 한 달 뒤 왕수재 계장은 인생의 목표를 세웠다고 했다.

왕수재 계장의 5단계 인생 목표
- 1단계: 5년 후 대리 진급과 금융자산 1억 만들기
- 2단계: 10년 후 과장 진급과 금융자산 5억 만들기
- 3단계: 15년 후 팀장 진급과 금융자산 15억 만들기
- 4단계: 20년 후 지점장 진급과 금융자산 30억 만들기
- 5단계: 25년 후 본부장 진급과 금융자산 50억 만들기
- 6단계: 30년 후 행장 진급과 금융자산 100억 만들기

목표는 세웠지만 어떻게 실행해야 할지 전략과 전술이 없었다. 멘토를 구하던 중 마침 장 대리를 알게 되었고, 그의 지도에 따라 예금풍차를 시작했다. 독하게 절약하고 저축하며 자기 계발에 몰두하면서 목표에 점점 가까워지는 느낌이 들었다고 했다. 매일매일 저축 일기를 가계부 다이어리 메모란에 적었다. 어려울 때는 다이어리를 되돌아보면서 흔들리는 마음을 바로잡고는 했다. 왕 계장에게는 그것이 인생이자 비전이었다.

"가계부에는 제 삶이 담겨 있어요. 그날 무엇을 먹고, 어떤 책

과 영화를 봤고, 누구를 만났는지 기억해 내는 도구죠. 더불어 저의 정체성을 뜻하기도 해요. 내가 어떤 부분에 돈을 쓰느냐가 나를 만든다고 생각해요. 머릿속으로는 성공한 인생을 꿈꾸면서 유흥비나 게임비에 많은 지출을 하고 있다면 절대 성공한 인생을 살 수 없겠죠. 가끔 제 생활이 흐트러질 때면 다이어리를 꺼내 보고 반성해요. 그리고 고쳐야 할 점이나 지켜야 할 점을 조그만 메모지에 적어서 지갑에 넣고 매일 꺼내 보고는 했죠."

이 대리는 왕 계장이 자신의 이야기를 대신해 주는 것 같았다. 이것은 왕 계장의 이야기일 뿐만 아니라 이 대리의 이야기이기도 했다. 그와 똑같은 고민을 시작하면서 해결책을 찾기 시작했고, 그래서 만난 것이 예금풍차였다.

"한창 일이 많을 때는 퇴근이 보통 11시, 12시였어요. 녹초가 된 몸을 이끌고 택시를 타면 기본이 1만 원이었죠. 이것도 나의 몸을 위한 투자의 일종이라고 생각해 매일 택시를 탔더니 한 달에 20~30만 원이 나왔어요. 그런데 몸이라도 건강해지면 모르겠는데 몸은 몸대로 더 피곤한 거예요. 저는 택시를 끊기로 결심하고 결심을 적은 메모지를 지갑 안에 넣었어요. 그리고 택시를 끊고 대중교통을 이용하고 더 많이 걸으면 얻게 되는 이익 다섯 가지를 함께 적어 뒀죠. 퇴근길에 택시가 유혹할 때면 메모지를 보고 다짐을 굳혔어요. 아예 운동화를 신고 지하철에서 기숙사까지 파워워킹을 했죠. 그러자 체력이 점점 좋아지는 것이 온몸으로 느껴졌어요."

왕 계장은 스트레스가 쌓이기 쉬운 환경을 긍정적이고 건강하게 바꾸어 나갔다. 행동의 동기부여는 예금풍차의 1단계를 성공적으로 수행해내겠다는 목표 의식에서 나온 것이 분명했다. 이 대리는 왕 계장의 눈빛에서 빛나는 아우라를 확인했다. 그가 하고 있는 고민과 이 대리의 고민은 비슷한 것이 많았다. 해결해 나가는 과정도 앞으로 점점 닮아 갈 것이다. 두 사람은 예금풍차 프로젝트의 동료들이니까.

"절약과 저축은 인생을 건강하게 변화시키는 것 같아요."

실제로 은행에서 만난, 몸과 마음이 건강한 부자들 중에는 목표가 있는 저축을 통해 부자가 된 자수성가형 부자가 많았다. 유산이나 일확천금으로 많은 부를 거머쥔 경우에는 제대로 된 경제 교육을 받지 못한 탓에 오히려 정신이 피폐해지기 쉽다.

'Stay hungry, stay foolish'라는 명언으로 유명한 성공한 부자, 스티브 잡스는 많은 부자들이 돈 때문에 기괴해지는 모습을 보았다며 자기는 절대 돈에 지배받지 않겠다고 말했다. 떼돈을 번 CEO의 아내들은 상당수가 잦은 성형수술로 얼굴이 점점 흉측하게 변해 가고는 했으며, 집 앞에는 항상 경호원이 지키고 있었다. 잡스는 그게 사람이 사는 모습이냐며 경악을 금치 못했고, 자신의 아이들은 그런 환경에서 키우지 않겠다고 입버릇처럼 말했다. 잡스는 샌프란시스코에서 남쪽으로 50킬로미터 떨어진 곳에 최소한의 가구와 집만 유지했다. 심지어 뒷문은 자주 열어 두어 누구나 드나들 수 있게 했다. 검소하게 살았지만 영감을 주는 훌륭한 디자인에는 돈을 아끼지 않았는데, 그 물건들은 메르세데스 자동차, 포르쉐, 브라운의 가전제품, 헨켈 칼, BMW 오토바이, 뱅앤올룹슨의 오디오 제품, 뵈젠도르퍼의 피아노, 앤셀 애덤스의 사진 작품 등이었다. 끊임없이 공부하고 노력하는 세계 최고의 부자 워렌 버핏도 지금까지 50년도 더 된 오마하의 시골집에서 살고, 중고차를 몰며 여전히 12달러짜리 이발을 한다고 한다.

시계가 어느새 11시를 가리키고 있었다. 셋의 이야기는 끝을 모르고 이어졌지만 새로 시작하는 한 주를 위해 그쯤에서 헤어져야만 했다. 이 대리는 살짝 취해 있었지만 마음과 몸은 그 어느 때보다 맑고 분명했다. 자신의 삶이 더 이상 시시해 보이지 않았다. 예금풍차 동료들과 함께하는 미래는 그 누구보다 찬란할 것이라는 믿음이 생겼다. 입가에는 스마일 마우스피스를 낀 것처럼 웃음이 그치지 않았다. 눈빛에는 반짝반짝 생기가 가득했다.

맥주바에서 왕 계장과의 대화는 이 대리가 청운의 꿈을 안고 은행에 입사하던 신입사원 환영식 때를 떠올리게 했다. 그때처럼 높은 이상과 자신감으로 무장한 스스로의 모습에 본인도 깜짝 놀랐다.

며칠 인터넷 가계부를 들여다보는 것을 소홀한 참이었는데 집에 가서 잠들기 전 확인하고 자리라 마음먹었다. 고쳐야 할 점이 있으면 메모지에 적어서 지갑에 넣어 놓기로 했다. 아니, 아침에 일어나자마자 냉수 한 잔을 들이켜며 의지를 다질 수 있도록 냉장고 앞에도 한 장, 회사 컴퓨터 모니터 앞에도 한 장 붙여 놓아야겠다. 이 대리는 힘이 불끈불끈 솟는 것을 실감했다. 이렇게 또 새로운 한 주가 시작되고 있었다.

> ▶ **예금풍차의 7가지 장점**
>
> 1. 매달 만기가 돌아오므로 매달 이자를 수령하는 기쁨을 누릴 수 있다.
> 2. 정기적금에 비하여 금리 변동에 민감하게 대응할 수 있다. 금리가 높은 시기나 낮은 시기에 관계없이 평균적인 금리를 받을 수 있다.
> 3. 단리 상품을 '셀프-연복리 상품'으로 전환하여 고수익을 올릴 수 있는 방법이다. 만기금을 받음과 동시에 이자까지 모두 재예치한다. 단, 인내가 필요하다.
> 4. 정기예금 통장 열두 개를 관리하면서 현금 유동성을 확보할 수 있다(급하게 돈이 필요하면 통장 중 하나를 해약하면 된다).
> 5. 연 단위로 돈을 관리할 때와는 다르게 매달 관리함으로써 항상 긴장감을 갖게 되고, 내 자금에 관심을 갖게 된다.
> 6. 이 사이클을 유지하기 위해서는 매달 받는 급여가 필수적이므로 회사에 대한 충성도가 높아지고, 일의 보람을 직접적으로 체감할 수 있다.
> 7. 돈을 모으는 재미와 돈의 소중함을 깨닫게 된다. 장기적으로 돈을 관리하게 되기 때문에 내 소비를 조절하고 과소비를 줄인다.

누군가 해냈다면
나도 할 수 있다

　　은행에 근무하면 성공한 자산가를 무척 많이 만날 수 있다. 꼼꼼하게 자신의 자산 포트폴리오를 관리해 나가는 VIP 고객들은 오늘도 여지없이 은행을 찾았다. 이 대리는 예전에는 단지 '고객'으로 그들을 대했지만, 지금은 자신이 걸어야 할 길을 먼저 걷고 있는 훌륭한 인생 선배를 마주하는 듯했다.

　　장 대리나 왕 계장도 항상 낮은 자세로 고객을 대했다. 본부 내 최고의 CS사원으로 몇 차례나 선정된 것도 바로 그러한 자세 때문이었으리라.

　　은행원이 VIP 고객들과 긴밀한 관계를 유지하는 이유는 일단 많은 자산을 가진 고객이기 때문에 그들을 적극적으로 유치하기 위함도 있지만, 그들이 은행을 무척 자주 찾기 때문이기도 하다.

채권 같은 상품이나 다른 자산가들의 재테크 동향처럼 인터넷상에서 얻을 수 없는 생생한 정보를 구하러 매달 방문하고는 한다.

평생 놀고먹을 만큼 많은 재산을 축적한 자산가일수록 더 부지런하게 발품을 파는 것을 심심치 않게 목격할 수 있었다. 젊은 이들보다 두세 배는 더 빠른 암산 실력을 자랑하는 부자 할머니, 할아버지들도 많았다. 성공한 CEO의 대부분은 하루를 48시간처럼 숨 돌릴 틈도 없이 부지런하게 산다는 기사를 읽은 적이 있는데, 뉴스 기사를 신뢰하지 않는 이 대리도 그것은 진실일 거라고 확신했다. 부지런함이야말로 성공한 부자가 되는 지름길임이 자명했다.

이 대리는 최 팀장이 재테크에 성공한 모습은 이미 눈으로 직접 목격했지만 장 대리나 왕 계장이 얼마만큼의 금융자산을 모았는지는 알 수 없는 일이었다. 장 대리와 왕 계장보다 늦게 시작한 만큼 두 배는 더 열심히 노력해야겠다고 다짐했다.

"이 대리, 요즘 예금풍차 2단계 진행을 위한 준비는 잘하고 있지?"

고객과의 상담을 끝내고 자리로 돌아오던 최 팀장이 물었다.

"네. 상품 간 금리 비교와 세제 혜택 비교도 다 끝났어요."

"한 달 평균 저축할 금액도 잡아 보았나?"

"네. 인터넷 가계부를 몇 달 동안 작성해 보니 낭비하는 곳이 눈에 확 들어오더라고요. 저희 집은 택시비와 외식비, 의류비 등에 지출이 심해요. 신용카드를 잘 활용하면 아파트 관리비와 통신비도 매달 2만 원이나 줄일 수 있는데 놓치고 있었고요. 이런 것들을 다 잡고 저축할 수 있는 평균 금액이 150만 원 정도 되더라고요. 일단 이 정도부터 시작할 거예요."

이 대리는 인터넷 가계부 작성 후 가계 지출이 어떻게 이루어지는지 한눈에 확인할 수 있었다. 절약할 곳은 최대한 절약하고 남은 돈은 모두 저축하기로 했다.

"장 대리와 함께 예금풍차를 시작한 왕 계장도 자산을 꽤 많이 모았다고 하더군."

"최 팀장님이 왕 계장을 아세요?"

"장 대리의 소개로 알게 됐지. 이 대리와 왕 계장 이번에 같이 주말 연수 듣지 않나?"

"네. 그런데 왕 계장이 최 팀장님 이야기를 안 하더라고요. 그래서 두 분이 아는 사인지 전혀 몰랐어요."

"은행 안에서는 한 다리 건너면 다 아는 사이지 뭘."

✢

이 대리는 인터넷 서점에 로그인했다. 2단계 예금풍차가 끝난 후, 3단계에 입문하기 위해서는 반드시 경제경영 서적 100권을 돌파해야 한다는 이야기를 얼핏 들었기 때문이다. 이 대리는 2단계에

갓 입문한 아장아장 새내기였지만 늦게 시작한 만큼 남는 시간마다 미리 책을 열심히 읽어 두기로 다짐했다.

경제경영 서적 베스트셀러 목록을 꼼꼼히 살폈다. 워낙 책 읽는 것을 싫어하는 이 대리였지만 수십 년 경력의 전문가들이 쓴 책 속에는 재테크의 지혜와 혜안이 곳곳에 담겨 있을 것임이 확실했다.

일단 눈에 띄는 쉬운 책 다섯 권부터 장바구니에 담았다. 20퍼센트 정도 할인된 가격이었지만 약 5만 원이라는 거금을 결제해야 했다. 그래도 준전문가인 은행원이라는 자부심과 책을 사 보지 않는 습관 덕에 이 대리는 선뜻 결제하기가 쉽지 않았다. 이 돈이면 보쌈을 두 번 시켜 먹을 수 있다는 생각이 머릿속을 맴돌았다. 그러나 음식이나 옷 같은 소모품은 한 번 먹고 몇 번 입으면 생명이 다하지만 책은 달랐다. 5만 원에서 얻은 지혜를 통해 자신의 자금을 500만 원, 5000만 원, 5억 원으로 불려 나갈 수 있다. 책에는 무한한 지혜와 가능성이 보석처럼 숨 쉬고 있었다.

본격적으로 재테크 공부를 시작하기로 결심한 이 대리는 다양한 재테크 카페와 경제경영 세미나도 찾아보았다. 그곳에서는 재테크에 성공한 재테크 달인들의 저축 노하우와 절약에 관한 팁 등이 있었다.

본격적으로 예금풍차를 시작한 이 대리는 장 대리와 왕 계장에게 이것저것 물어보고 싶은 것이 많았다. 예금풍차의 진행 상황은 어떤지, 자산은 많이 모았는지, 실천하면서 어려운 점은 없었는지 말이다. 만약 많은 시행착오를 겪었다면 미리 언질을 받음으로써 시간 낭비를 줄이고 싶었다. 이 대리는 외환 연수가 끝나는 날 왕 계장에게 궁금한 것들을 싹 다 물어보았다.

"이 대리님, 갑자기 너무 많은 질문을 하시니 정신이 없네요."

"하하. 그래? 내가 궁금한 것들이 너무 많다 보니까."

"네. 일단…… 저는 예금풍차 2단계까지는 잘 수행하고 있는 것 같아요. 그리고 자산도 꽤 모았어요."

"얼마나 모았는데?"

"하하. 이거 말씀드리기 부끄러운데……."

"그래. 이야기하기 곤란하면 말 안 해도 돼."

왕 계장은 곤란한 듯한 표정을 지으며 생각에 잠겼다. 이윽고 결심한 듯 입을 떼었다.

"저번에 장 대리님하고 맥주바 갔었을 때요. 제가 인생의 목표를 정했다고 말씀드렸잖아요."

"응. 30년 안에 행장 되고 자산 100억 모으는 거잖아."

"정확히 기억하고 계시네요. 부끄럽네요……."

"부끄럽기는. 나도 왕 계장 때문에 자극을 많이 받았는걸. 그런데 갑자기 왜?"

"그때 제가 세운 첫 번째 자산 목표가 얼마였는지 기억하세요?"

"글쎄……, 얼마였더라."

이 대리는 고개를 갸웃거렸다. 왕 계장은 눈을 번뜩이며 말했다.

"1억이었어요."

"응. 그런데?"

"1억을 모으겠다는 그 목표를 달성했어요."

"뭐?"

이 대리는 왕 계장이 벌써 1억 원을 모았다는 말에 입이 떡 벌어졌다. 이 대리는 왕 계장보다 1년 먼저 입사했지만 결혼 준비금, 가족의 생활비, 어머니의 병원비 때문에 모아 둔 돈이 없었다. 왕 계장은 싱글이니까 자기보다 돈을 모으기 쉬웠을 거라고 안도하기에는 대한민국 대부분의 싱글남들은 몇 년을 회사에 재직하고도 마이너스 대출만 떡하니 갖고 있었다. 오죽하면 '남자는 결혼해야 정신 차리고 돈을 모은다'는 말이 있겠는가. 그런데 유부남 이 대리도 차리지 못한 정신을 싱글남 왕 계장이 어떻게 차렸기에 벌써 1억 원을 모았다는 것일까.

"처음에 예금풍차를 시작할 때 친구들은 저더러 바보라고 했어요."

"왜?"

"당시만 해도 주식과 부동산이 워낙 호황이라서 펀드에 돈을 넣기만 해도 수익을 보던 때였거든요."

"그런데 왕 계장은 왜 거기에 투자하지 않았나?"

"장 대리님이 말리셨어요."

"장 대리가?"

"네. 경제경영 서적 100권도 읽지 않은 채 시작하는 재테크는 모래사장 위에 쌓은 성과 다름없다고요. 주변 사람들의 수익에 혹해서 섣부른 투자를 하는 건 짚을 들고 불 속에 뛰어드는 것과 다름없다고 하셨어요."

"그래?"

"네. 그래서 저는 '언젠가 기회가 또 오겠지. 준비를 하고 기다리자. 그때 큰 수익을 얻기 위해서 종잣돈을 마련하자'라고 생각했어요."

"그렇구나."

"장 대리님 말씀대로 주식이나 부동산에 투자한 친구들은 몇 년 뒤에 많이 힘들어했어요. 2007년 말 2000포인트를 넘던 주가가 1년 만에 1000포인트 아래까지 곤두박질쳤잖아요. 부동산 호황이 계속될 거라고 예측해서 대출을 끼고 무리하게 아파트를 구입한 친구도 지금 많이 힘들어하고요."

"음……."

실제로 2018년까지 보금자리주택이 총 150만 호가 공급될 거라는 정부 정책이 발표되면서 아파트 실거래가가 뚝 떨어졌다. 프리미엄을 주고 사 가던 아파트 분양권도 미분양되는 사태가 속속 발생했다.

"왕 계장은 예금풍차만으로 1억을 모은 건가?"

"네."

"정말 대단하군."

"별것 아니에요. 심지어 제가 예금풍차를 처음 시작하던 2005년도에는 금리가 3.72퍼센트였어요. 지금보다도 낮았죠."

"맞아. 그 당시 은행 금리가 정말 낮았었지."

이 대리는 은행 금리가 최저를 기록하던 당시에 주식과 부동산에 투자하려는 성급한 마음을 가다듬고 차분히 예금에 가입했을 왕 계장의 모습을 그려 보았다. 웬만한 내공 없이는 갖기 힘든 자세였다. 하루라도 빨리 두 배, 세 배, 아니 열 배의 수익을 내기 원하는 인간의 본성을 억누르기란 결코 쉬운 일이 아니다.

"혹시 록펠러의 '회계장부 A'를 아세요?"

록펠러의 회계장부 A는 이 대리도 잘 알고 있었다. 30-30 인터넷 가계부 작성을 처음 시작했을 무렵, 지점장이 회계장부 A에 관하여 이야기한 적이 있다. 어마어마한 자산을 가지고도 꼼꼼한 가계부 기록을 결코 소홀히하지 않았던 록펠러의 지출기록부가 바로 회계장부 A였다.

"저는 슬럼프에 빠질 때마다 록펠러와 그의 자식들을 떠올려요. 그리고 예금풍차를 시작했던 때로 되돌아가요. 지금은 당시 다른 여러 가지 재테크 방법 중 예금풍차를 선택한 것을 200퍼센트 만족해요. 더 많은 책을 읽고, 더 많은 부자들을 만나고, 더 많은 지혜를 얻은 뒤에 예금풍차 3단계를 시작할 거예요. 그때만 상상하면 하루에도 몇 번씩 심장이 쿵쾅거려요."

흥분하며 이야기하는 왕 계장의 얼굴에는 미래에 대한 설렘이 가득했다.

기업 경영에도
효과적인 예금풍차,
금융상품 PPM

이 대리는 내비게이션의 안내에 따라 목적지를 향해 차를 몰았다. 꽤 피곤한지 옆자리에서 꾸벅꾸벅 졸고 있는 최 팀장이 반드시 함께 가야 할 곳이 있다며 퇴근하는 이 대리를 불러 세웠기 때문이다. 지점에 신분증과 서류를 두고 간 박건물 사장이 운영하는 공장 사무실에 가야 한다고 했다. 퇴근 시간을 훌쩍 뛰어넘은 시간에 고객을 만나러 가자고 제안한 적이 처음인 만큼 이번 동행이 이 대리에게 큰 도움이 될 거라고 여겼던 것이다. 소규모 공장 밀집 지역에 위치한 박 사장의 공장은 퍽 단정해 보였다.

박 사장은 연신 고맙다는 말을 되풀이했다. 내일 오전 중요한 계약에 반드시 필요한 서류였는데 최 팀장 덕분에 일을 수월하게 처리할 수 있게 되었다고 했다. 이 대리는 비서가 가져다 준 음료

수만 홀짝거리며 마셨다.

"일은 잘 해결되셨어요?"

근심 어린 얼굴의 최 팀장은 박 사장에게 말을 건넸다.

"덕분에요. 내가 회사 문제까지 최 팀장님의 도움을 받을 줄은 몰랐네요."

"별말씀을요. 제가 한 게 뭐 있다고요."

"최 팀장님, 회사를 운영하면서 가장 어려운 게 뭔 줄 알아요?"

큰 빌딩을 두 개나 갖고 있는 성공한 CEO 박 사장이 털어놓는 속사정이 무엇일까 이 대리는 귀가 쫑긋 했다.

"글쎄요. 사람과의 관계 아닐까요? 거래처뿐만 아니라 회사 직원들을 리드하는 것까지…… 쉽지 않을 것 같은데요?"

직원을 다루는 일이 쉽지 않다는 대목에서 최 팀장은 장난스럽게 이 대리를 살짝 흘겨보았다. 보고도 못 본 척 이 대리는 음료수만 홀짝 홀짝 마셨다.

"맞아요. 어딜 가든 사람을 대하는 일이 가장 어렵지요. 그런데 더 무서운 게 있어. 바로 자금 융통이에요. 상품이 훌륭해도, 조직이 탄탄해도, 연매출액이 흑자여도, 자금 융통이 되지 않으면 바로 위기거든."

무슨 이야기인지 멍하니 듣고 있는 이 대리를 바라보며 박 사장은 말에 쐐기를 박았다.

"자금 융통이 안 되면 회계상 이익이 나도 바로 도산입니다."

박 사장은 과거 회사를 경영하면서 외상 거래처가 부쩍 늘어난 적이 있었는데 경제가 다 같이 어려워지자 입금될 예정이었던 돈이 들어오지 않았다고 한다. 더군다나 운전자금(기업체에서 생산 활동에 필요한 재료비, 인건비 등의 자금에 쓰는 돈)이 예상을 상회하면서 처음으로 흑자도산의 위기감을 느꼈다고 한다. 기업 경영에 있어서 자금 융통이 얼마나 중요한 것인지 피부로 느낄 수 있었다.

"최 팀장을 알게 된 것이 얼마나 행운이었던지. 내 개인 자산의 일부를 예금풍차 돌리자는 최 팀장님의 제안을 받고는 회사 자금도 예금풍차 돌려 보자는 아이디어가 번뜩인 거예요. 결과는 훌륭했지요. 자금 관리가 수월해지니까 운전자금이 예상을 상회하는 일도 거의 없어졌어요."

개인 자금의 일부를 꾸준히 예금풍차 돌리는 것도 결코 쉽지 않은 일인데, 회사 자금마저 예금풍차를 하다니! 박 사장이야말로 예금풍차의 진정한 마니아다웠다.

"박 사장님, 개인 자금으로 예금풍차를 돌리신 지는 얼마나 되셨어요?"

"꽤 오래됐지요. 예금풍차의 중요한 장점 중 하나가 복리 효과 아니겠어요? 한 해, 두 해, 기간이 늘어날수록 복리 효과가 눈덩이처럼 불어나니 기간을 오래 가져갈 수밖에요."

이 대리는 슬그머니 고개를 숙이고는 생각에 잠겼다. VIP 고객 중 한 명으로만 생각했던 박 사장의 끊임없이 고민하고 노력하는 모습이 인상적이었기 때문이다.

"자산 포트폴리오 정리는 잘 되세요?"

"수익성과 안정성에 따라서 자산을 네 가지로 분류하고 있어요."

"많이 바쁘실 텐데 역시 대단하세요. 자산 포트폴리오 정리는 최소 6~12개월 사이에 한 번은 해 주셔야 해요. 1년 전 타인에게 높은 수익률을 안겨 주었던 금융상품이 지금 나에게는 독으로 작용할 수도 있거든요. 자산을 정리하는 과정에서 나에게 가장 적합한 상품이 무엇인지 스스로 깨닫게 되니까 정신 바짝 차리시고요."

박 사장은 흐뭇한 미소로 최 팀장을 바라보았다. 최 팀장이 굳이 말을 안 해도 자산을 정리해 나가는 과정에서 이미 많은 것을 깨닫고 있다는 듯한 자신감에 찬 표정이었다. 1년에 한두 번씩 자산을 점검하고 재분배하는 과정은 예금풍차의 장점과 의미를 되새기는 데 보탬이 됐다.

"예금풍차는 네 가지의 자산 중 어디에 속할까요?"

"캐시카우(cash cow)!"

최 팀장의 질문에 박 사장은 명확하게 대답했다. 몇 달 전 박 사장이 지점에 내점하여 자산을 재분배하고 싶다고 상담을 요청해 왔을 때 최 팀장은 보스턴컨설팅그룹(BCG)의 프로덕트 포트폴리오 매니지먼트(PPM)를 응용하여 금융상품을 정리해 보자고 제안했다. 금융상품 PPM은 기존 PPM과는 달리 수익성과 안정성을 기준으로

금융 BCG ppm 개념도

수익성	높음	스타	프라블럼 차일드
	낮음	캐시카우	도그
		높음	낮음
		안정성	

하여 스타(star), 캐시카우, 프라블럼 차일드(problem child), 도그(dog)로 금융상품을 구분한다.

"부분적으로 맞는 말씀이에요. 초기 단계의 예금풍차는 주식이나 파생상품보다는 상대적으로 수익성은 낮지만 안정성이 높잖아요. 그러니까 캐시카우에 속하겠죠."

캐시카우의 장점은 이 대리도 충분히 이해가 갔다. 그런데 수익성도 높고 안정성도 높은 두 마리의 토끼를 다 잡은 금융상품이 과연 존재할까 의문이 들었다. 대부분의 상품은 수익성이 높으면 그만큼의 리스크를 안고 가니 말이다. 골똘히 생각에 잠긴 이 대리를 보며 최 팀장이 빙긋이 웃었다.

"예금풍차가 복리의 마법을 발휘하면 수익성이 어떻게 된다고 했지?"

"높아지죠!"

이 대리는 그제서야 무릎을 탁 쳤다.

"아! 그 생각을 못 했네요."

"금융자산 PPM은 금융상품에 대한 이해를 높이기 위해서 내가 예를 들어 본 것뿐이야. 초기 단계의 예금풍차는 복리 효과를 누리지 못하기 때문에 안정성은 높고 수익성은 낮은 캐시카우에 속하지. 하지만 기간이 길어질수록 복리 효과 덕분에 수익성은 높아지고 스타군으로 넘어가게 돼. 똑같은 상품도 때와 상황에 따라서 안정성과 수익성이 달라지는 거지. 주식은 수익성은 높고 안정성은 낮은 프라블럼 차일드에 속하기도 하지만 원금을 일부분 보장해 주는 ELS로 재탄생하게 되면 수익성과 안정성이 모두 높은 스타군에 속할 수도 있지. 스톡옵션처럼 무상으로 제공받은 주식이거나 채권 편입 비율이 높은 펀드 같은 경우도 안정성과 수익성이 모두 높은 스타군으로 편입시킬 수도 있고. 결국 어떻게 분류하느냐는 개인의 기준과 상황에 따라 천차만별로 달라질 수 있어."

이 대리에게 자세히 설명하는 최 팀장의 말에는 진지함이 묻어 있었다.

"문제는 안정성은 낮지만 수익성은 높은 프라블럼 차일드군의 상품의 수익률이 떨어질 때야. 수익성 하나만 보고 자산 포트폴리오에 넣었는데 수익률이 악화될 때가 제일 난감하지. 프라블럼 차일드군에서 도그군으로 내려간 상품이 장기화된다면 특별 관리 대상으로 설정하고 잘 살펴봐야 해."

이 대리는 자신의 금융상품을 떠올리며 네 개의 군으로 분류해 보았다. 산발적으로 흩어져 있던 다양한 종류의 금융상품이 일괄적으로 정리되니 머릿속이 상쾌해지는 것 같았다. 최 팀장과 이 대리의 대화를 지켜보던 박 사장은 흥미진진하다는 듯한 표정이었다.

"최 팀장, 그럼 최고의 자산 배분은 어떤 것이오?"

"그것 또한 개인의 성향에 따라 달라지죠. 저 같은 경우는 도그군을 최소화하면서 나머지 세 개 군에 속하는 금융상품들을 적절히 배분하는 것이 좋다고 봐요."

이 대리는 캐시카우에서 창출되는 여유 자금을 기회가 온다면 스타나 프라블럼 차일드군에 투자해도 좋겠다는 생각이 들었다. 펀더멘털과는 상관없이 환경적 요인 때문에 금융상품이 심각하게 평가절하되는 시기가 한번씩은 찾아오기 때문이었다. 박 사장은 의자를 앞으로 끌며 물었다.

"말 나온 김에 내 포트폴리오 한번 봐 주겠소?"

"오늘은 너무 늦었으니까 다음에 지점 오시면 자세히 보도록 해요! 사장님 많이 피곤하실 텐데 저희는 이만 들어가 보겠습니다."

최 팀장은 자리를 마무리하며 빙긋 웃었다.

PART 3

**예금풍차로
재테크 고수 되기**

중요한 것은 왜 돈을 모아야 하는지, 저축을 통해 내가 이루고자 하는
삶의 목표가 무엇인지를 찾아내는 것이었다.
인생의 궁극적인 목표를 찾아내는 과정 중 하나의 수단으로써 예금풍차가 존재할 뿐이었다.
나는 왜 부자가 되려고 하는가?
돈을 많이 모아서 얻고자 하는 것은 무엇일까?

저축하는 날만을
손꼽아 기다리며

이 대리는 살면서 그 어느 때보다 저축에 열을 올렸다. 이 기세로 가다가는 사내 저축왕에 선정될 분위기였다. 돈이 좀 모일라 치면 예금을 해지하고 또 모일라 치면 예금을 해지하는 남편만 봤던 이 대리의 아내는 그의 달라진 모습에 깜짝 놀랐다.

"여보! 이게 현재 우리 집 수입·지출 현황이야."

이 대리의 아내는 스스로 꼼꼼하지도 못할뿐더러 '남편이 은행원이니까 알아서 가계를 잘 꾸려 나가겠지' 하고 생각하며 경제권을 넘겼었다. 솔직히 이 대리가 인터넷 가계부와 통장 현황을 보여주었을 때 모은 돈이 거의 없다는 사실에 속이 상했다. 남편이 왜 갑자기 이것을 공개하는지 의문도 들었다.

"부부 사이에 가계부를 오픈해야 훨씬 더 빨리 돈을 모은대."

그 말은 맞았다. 이 대리는 자산에 관한 모든 것을 아내에게 공개한 후 더 책임감을 가지고 가계를 꾸려 나갈 수 있었다. 이 대리의 아내도 두 배로 꼼꼼하게 절약하며 살림을 꾸렸다. 은행원들 사이에 떠도는 '대출'에 관한 유명한 속설이 있다. 빚은 가족에게 공개하는 순간 줄기 시작하고, 혼자 끙끙거리고 안고 있는 한 절대 줄지 않는다는 것이다. 오히려 빚을 없애려고 더 큰 사업을 벌이거나 무모한 행동을 하다가 두 배, 세 배의 빚을 얻는 고객이 부지기수였다.

"여보, 밤늦게까지 뭐 하는 거예요?"

평일에는 늘 일찍 자는 이 대리였다. 늦은 시간까지 서재에서 나오지 않는 이 대리 때문에 아내는 졸린 눈을 비비며 일어났다.

"꼭 보고 자야 할 게 있어서."

5년 만에 1억을 모은 왕 계장이 보낸 이메일이었다. 한 푼도 쓰지 않고 월급을 전액 저축해서 모은 것이냐고 했더니, 쓸 데 다 쓰고 모은 돈이라고 했다. 물론 쓸데없는 물건은 절대 사지 않았고 과소비도 없었다. 그러나 멋쟁이 왕 계장은 다른 데 돈을 아껴서 1년에 한 번은 자기 자신에게 주는 선물로 수백만 원짜리 명품 시계도 샀다고 했다. 이 정도면 앞뒤 꽉 막히게 저축만 한 것은 아닐 터였다. 이 대리는 왕 계장이 도대체 어떻게 1억을 모을 수 있었는지 그 실체를 보고 싶었다. 왕 계장은 5년간 가입했던 예금 금리와 저축액을 간단히 엑셀로 정리해서 보냈다.

맥주바에서 말했던 것처럼 왕 계장이 처음 예금을 가입했던 당시 금리는 3.72퍼센트였다. 왕 계장은 5년 전 매달 120만 원을 예금했다. 그때 신입사원의 기본급과 성과급을 평균 낸 월 급여는 약 250만 원 정도였다. 약 130만 원은 생활비와 용돈으로 쓰고, 나머지 급여의 절반 정도는 꾸준히 예금에 넣은 것이다.

이 대리는 왕 계장의 저축 습관에 깜짝 놀랐다. 무엇보다 학창 시절에는 사지 못했던 고가의 물품을 사고, 친구들에게 취업 턱을 내느라 정신이 없었을 신입사원 초부터 꾸준히 예금을 가입했다는 점이 대단했다. 특히 2005년 1월, 2월은 수습 기간으로 월급도 적고 재테크를 생각할 겨를도 없이 바쁜 때다. 이때부터 왕 계장은 묵묵히 정기예금에 가입했다.

약 350만 원의 첫 상여금을 받았던 직장 2년차에는 평소 갖고 싶었던 DSLR 카메라를 150만 원에 구입하고 남은 금액 200만 원을 같이 저축했다. 다음 해에도, 그 다음 해에도 상여금이 입금될 때마다 왕 계장 자신에게 주는 선물을 제외한 금액은 꼬박꼬박 저축에 합쳤다.

2006년도에는 금리가 4.5퍼센트, 2007년도에는 5.17퍼센트, 2008년도에는 5.87퍼센트까지 쭉 올랐다. 2009년도에는 금리가 3.8퍼센트로 많이 하락했다. 금리 4퍼센트대가 깨지면 고객들 사이에서도 '이렇게 금리가 낮아서야 어디 저축하겠느냐' '예금할 맛이 안 난다' 등의 원성이 나오기 마련이다. 이는 고객뿐만이 아닌

왕 계장의 저축도

금리 (연이율, 세전, 단위 %)

2005년(직장 생활 1년차 – 금리 연 3.72%)	2006년(직장 생활 2년차 – 금리 연 4.5%)
1월 120만 원	1월 1,244,640원 +130만 원 + 상여금 200만 원
2월 120만 원	2월 1,244,640원 + 130만 원
3월 120만 원	3월 1,244,640원 + 130만 원
4월 120만 원	4월 1,244,640원 + 130만 원
5월 120만 원	5월 1,244,640원 + 130만 원
6월 120만 원	6월 1,244,640원 + 130만 원
7월 120만 원	7월 1,244,640원 + 130만 원
8월 120만 원	8월 1,244,640원 + 130만 원
9월 120만 원	9월 1,244,640원 + 130만 원
10월 120만 원	10월 1,244,640원 + 130만 원
11월 120만 원	11월 1,244,640원 + 130만 원
12월 120만 원	12월 1,244,640원 + 130만 원

2007년(직장 생활 3년차 – 금리 연 5.17%)	2008년(직장 생활 4년차 – 금리 연 5.87%)
1월 4,749,149원 + 150만 원 + 상여금 250만 원	1월 9,201,480원 + 165만 원 + 상여금 300만 원
2월 2,659,149원 + 150만 원	2월 4,374,177원 + 165만 원
3월 2,659,149원 + 150만 원	3월 4,374,177원 + 165만 원
4월 2,659,149원 + 150만 원	4월 4,374,177원 + 165만 원
5월 2,659,149원 + 150만 원	5월 4,374,177원 + 165만 원
6월 2,659,149원 + 150만 원	6월 4,374,177원 + 165만 원
7월 2,659,149원 + 150만 원	7월 4,374,177원 + 165만 원
8월 2,659,149원 + 150만 원	8월 4,374,177원 + 165만 원
9월 2,659,149원 + 150만 원	9월 4,374,177원 + 165만 원
10월 2,659,149원 + 150만 원	10월 4,374,177원 + 165만 원
11월 2,659,149원 + 150만 원	11월 4,374,177원 + 165만 원
12월 2,659,149원 + 150만 원	12월 4,374,177원 + 165만 원

2009년(직장 생활 5년차 - 금리 연 3.8%)	직장 생활 5년차 정기예금 총합계액
1월 14,664,562원 + 180만 원 + 상여금 350만 원	1월 20,723,215원
2월 6,377,796원 + 180만 원	2월 8,488,552원
3월 6,377,796원 + 180만 원	3월 8,488,552원
4월 6,377,796원 + 180만 원	4월 8,488,552원
5월 6,377,796원 + 180만 원	5월 8,488,552원
6월 6,377,796원 + 180만 원	6월 8,488,552원
7월 6,377,796원 + 180만 원	7월 8,488,552원
8월 6,377,796원 + 180만 원	8월 8,488,552원
9월 6,377,796원 + 180만 원	9월 8,488,552원
10월 6,377,796원 + 180만 원	10월 8,488,552원
11월 6,377,796원 + 180만 원	11월 8,488,552원
12월 6,377,796원 + 180만 원	12월 8,488,552원
총액 114,097,287원	

은행원들도 마찬가지였다. 그러나 왕 계장은 어떤 고민이나 미련도 없이 월급의 상당 부분을 예금에만 투자하고 경제경영 서적 탐독에만 매진했다.

이 대리는 왕 계장의 저축에서 특이한 점을 발견했다. 대개 급여가 늘어날수록 지출도 함께 커지기 마련인데, 왕 계장은 그렇지 않았다. 5년 전 생활비와 용돈으로 쓰던 130만 원 정도의 지출만 꾸준히 유지했다. 덕분에 급여가 조금씩 오르기 시작하는 2년차에는 130만 원, 3년차에는 150만 원, 4년차에는 165만 원, 5년차에는 180만 원씩을 예금할 수 있었다.

첫해에는 가계부를 작성하며 절약하는 것도 어렵고 매달 같은 날에 예금 가입하는 것도 귀찮고 힘들었지만, 장 대리의 말대로 몇 달이 지나자 왕 계장의 몸에 잘 맞는 옷처럼 습관이 되어버렸다. 오히려 월급이 들어오면 생활비와 용돈으로 쓸 돈만 남겨 두고 예금에 가입하는 재미가 너무 커서 급여일만을 손꼽아 기다리게 됐다. 금리나 세제 혜택의 변화에도 남들보다 몇 배는 쉽게 정보를 구하고 능숙하게 적응했다.

심지어 왕 계장은 5년 동안 단 한 번도 이자를 빼서 쓴 적이 없었다. 달콤한 이자의 유혹을 이겨내고 만기예금 해지 시 나오는 이자 전부를 예금에 투입했다. 대부분의 정기예금을 해지하는 고객들은 이자는 쏙 빼서 원금만 그대로 재예치시키는 경우가 많다. 그러나 왕 계장은 60번의 정기예금 가입 과정에서 단 한 번의 흔들림 없이 원칙을 고수했다.

이 대리는 왕 계장의 저축 과정을 담은 엑셀 파일을 보면서 전율이 느껴졌다. 최 팀장과 장 대리에게 예금풍차의 장점은 대략 들었지만 꼼꼼하게 기록된 실전 모습은 처음 보는 것이었다. 시계는 새벽 2시를 가리키고 있었지만 이 대리는 전혀 잠이 오지 않았다. 놀란 이 대리의 볼은 빨갛게 달아올라 있었다.

최 팀장의 이야기가 틀림없었다. 예금풍차는 '내가 직접 구성하고 만드는 복리 상품'이었다. 시작이 어렵지 습관이 되고 나면 산꼭대기에서 굴러 내리는 작은 눈이 산사태를 불러일으키는 것처럼 저절로 돈이 불어나는 시스템이었다. 중도해지의 유혹을 버텨내는 것도, 이자를 쓰지 않고 재예치하는 것도 처음이 어렵지 나중에는 식은 죽 먹기였다. 저축 한번 해보지 않은 사람도 돈을 모으는 쏠쏠한 재미 때문에 예금 가입 날을 손꼽아 기다리게 만드는 신기하고 놀라운 시스템이기 때문이다. 설렘으로 들뜬 이 대리는 왕 계장과의 다음 만남을 눈이 빠지도록 기다리기 시작했다.

미래를 위한
든든한 보험,
다 잘될 거야!

    창문을 여니 신선하고 맑은 바람이 방 안으로 들어왔다. 평일에 열심히 일하고 맞이하는 토요일 아침의 여유로움이 이 대리를 행복하게 만들었다. 예금풍차를 시작하고 계절이 두 번이나 옷을 갈아입었다.

    매월 정기예금 통장을 신규 개설하는 것은 생각보다 순탄하게 진행됐다. 금리가 높은 상품은 1인 1계좌나 몇 천만 원 한도 내 개설 등이 설정되어 있는 경우가 있어서 차선의 상품을 부지런히 찾아내는 민첩성도 필요했다. 시간이 없거나 귀찮아서 정기예금 개설을 차일피일 미루게 될 때는 법원문서 업무를 수행했을 때를 되새기며 정신을 다잡았다. 이 대리 본인뿐만 아니라 세상의 어떤 사람도 경제적 곤란 때문에 불행해지지 않기를 간절히 염원했다.

그러나 꾀부리지 않고 예금풍차를 수행해 나갈 수 있었던 가장 큰 이유는 예금풍차가 지속적인 행복감을 느끼게 해 주었기 때문이다. 예금풍차가 뇌의 신경전달물질인 세로토닌과 도파민의 활동이 왕성해지는 영양제의 역할을 하는 것은 아닐까 의문마저 들 정도였다.

'다 잘될 거야!'

정기예금을 하나씩 개설할 때마다 이 대리는 본인의 미래에 안전장치를 걸어 두는 느낌을 받았다. 입출금 통장에 있는 돈이나 정기예금에 예치해 둔 돈이나 지갑 안에 들어 있는 돈이나 결국 모두 화폐의 한 종류일 뿐이었다. 그런데 이상하게도 예금풍차를 돌리는 돈은 꼭 미래를 위한 든든한 보험 같은 기분이 들었다. 예금풍차는 단순한 정기예금 몇 개가 아니었다.

이 대리는 확실히 예전보다 행복해졌다. 늘 긍정적인 감정을 갖게 하는 호르몬은 세로토닌이고 에너지와 의욕을 불어넣어 주는 호르몬은 도파민이라고 들었는데, 예금풍차 덕분에 이 두 가지 호르몬이 더 활발히 활동하는 것 같았다. 현명한 재테크는 웬만한 취미 활동보다 사람을 더 신나게 만들었다.

이 대리의 변화를 가장 빨리 눈치챈 것은 다름 아닌 아내였다. 많이 변했다고 따로 이야기를 하지는 않았지만 예전보다 더 행복해하는 이 대리를 보며 덩달아 기분이 좋아졌다. 낮에 집안 살림을 돌보고 나면 남편이 읽는 경제경영서를 조금씩 읽기 시작했다. 드라마나 영화를 다운받아 보는 것을 좋아했지만 책을 읽는 것도 만만치 않게 재미있다는 것을 느낄 수 있었다.

삶은 계란과 아삭한 콩나물을 이 대리가 좋아하는 매콤한 쫄면 위에 팍팍 얹었다. 주말에 부부가 함께 저녁 식사를 하고 근처 공원을 돌며 산책하는 것은 가장 행복한 시간 중 하나였다.

"당신 요즘 부쩍 밝아진 것 같아."

아내는 미뤄 왔던 말을 꺼냈다.

"그래? 좀 그런 것 같긴 하지. 그런데 그거 알아?"

이 대리의 질문에 아내는 무슨 말을 하려는 건가 물끄러미 바라보았다.

"당신도 요즘 기분 좋아 보여."

아내는 이 대리의 팔을 꼭 감싸 안으며 물었다.

"여보, 우리 예금풍차 금액 늘릴까?"

"지금보다 더?"

"응. 가계부 보니까 조금만 더 절약하면 될 것 같은데?"

"얼마나?"

"음……, 그건 집에 가서 함께 생각해 보자."

"그래. 우리 여보 최고예요."

이 대리는 아내를 향해 오른손 엄지를 추켜세웠다. 선선한 저녁 바람이 코끝을 스치고 지나갔다. 산책하는 내내 꼭 잡은 손을 한 번도 놓지 않은 둘은 세상에서 가장 행복한 부부였다.

자산의 가치를
높인다는 것의
진짜 의미

"이 대리, 눈 좀 떠, 좀."

한국에서 많은 팬을 확보하고 있는 미국 주립대 교수이자 베스트셀러 작가의 내한 강의가 있다고 장 대리는 이 대리에게 몇 번이나 이야기했었다. 수많은 사내 워크숍을 듣는 것도 벅찼지만 이제 이름만 대면 웬만한 사람은 다 알만큼 유명한 외국 교수의 강의를 직접 들을 수 있다니 솔깃했다. 책이나 온라인 강의에서 느낄 수 없는 현장 강의의 숨결을 느끼고 싶었다. 다만 통역사가 없이 진행되는 강의라는 것을 강당에 도착하고 나서야 안 것이 문제라면 문제였다.

"이 대리, 여기가 호텔인 줄 알아?"

"나 원래 집중할 때는 눈 감아. 다 듣고 있다니까."

"눈만 감지. 이는 왜 갈아?"

"도대체 내가 언제 이를 갈았다고 그래."

둘은 조그맣게 속삭였다. 앞자리에 앉은 청중이 누가 이렇게 속닥거리나 슬며시 뒤돌아보았다.

"쉿. 사람들이 쳐다보잖아. 조용조용."

이 대리를 보며 답답해하는 장 대리의 걱정과는 다르게 이 대리는 정말로 강의를 집중해서 듣고 있었다. 한국 청중들을 배려라도 하듯 고령의 교수는 아주 친절하게 천천히 말을 이어 갔다. 세계적인 석학이었지만 어려운 단어는 한 자도 쓰지 않고 기초적인 단어로만 자신의 논점을 펼쳐 가는 것이, 벼는 익을수록 고개를 숙인다는 속담을 떠올리게 했다. 진짜 부자는 검소한 것처럼 정말 아는 것이 많은 사람은 오히려 겸손했다.

책을 통해서 정보와 지식을 습득하는 것보다 현장 강의는 확실히 더 긴장감이 있었다. 경영학과 사회학을 결합시킨 내용의 저서를 많이 쓴 교수였는데 2강은 자산의 가치를 높이는 재테크에 관해서 이야기한다고 했다. 강의의 본질과 어울리지 않는 풍딴지 같은 주제라고 생각한 청중들의 염려를 단번에 불식시킬 만큼 그의 강의는 논리 정연했다. 2강을 시작하며 교수는 청중들에게 물었다.

"자산이란 무엇인가요?"

강당 이곳저곳에서 사람들이 대답을 했다.

"자본과 부채……."

설마 자본과 부채의 합이 자산임을 몰라서 교수가 물어본 것은 아니란 걸 알면서도 사람들은 한결같이 자본과 부채만 이야기했다. 저쪽 구석에서 개미 모이만 한 목소리로 고정자산, 유동자산을 대답하는 사람도 있었다.

"그럼 여러분이 갖고 있는 자산은 무엇이 있나요?"

"……."

교수의 질문에 이 대리는 멍해졌다. 자산의 '경계'를 어디까지로 봐야 하나 알 수 없었기 때문이다.

"재테크(Investment techniques)의 진짜 의미를 알아야 합니다. 자산의 가치를 좁은 시야로만 한정해서는 결코 재테크에 성공할 수 없습니다. 물론 내가 가진 물질적 재산의 가치를 증식시키는 것도 중요합니다. 하지만 물질적 가치는 분명히 한계가 존재합니다. 내가 가진 자산 중에 가장 내 마음대로 다루기 쉬운 것, 한계가 존재하지 않는 것, 내 의지대로 움직일 수 있는 것, 바로 거기에 가장 많은 투자를 해야 합니다. 그러면 여러분은 반드시 재테크뿐만 아닌 행복과 성공 모두를 얻을 수 있을 겁니다. 그런데 모두 점심은 드셨습니까?"

교수는 배가 고프다는 표정으로 사람들에게 물었다. 이곳저곳에서 조그마한 폭소가 터졌다.

'자산의 경계를 넓히다…….'

쉬는 시간이 되었지만 이 대리는 자리를 뜰 수가 없었다. 재테크의 진짜 의미를 고민해 보라는 단순한 내용이었지만 결코 쉬운 이야기는 아니었다. 푸근한 옆집 할아버지 같은 인상의 교수였지만 깊은 연륜과 내공을 갖고 있었다. 분명 단순히 돈을 많이 벌라는 의미에서 재테크를 주제로 잡지는 않았을 것이다.

'물질적 가치에는 분명히 한계가 존재한다……. 내가 가진 자산 중에 가장 내 마음대로 다루기 쉬운 것에 가장 많은 투자를 해야 한다고?'

알 것 같으면서도 모를 것 같았다. 교수는 자산의 가치에 대해 넓은 시야를 가지라고 했다. 몸이 편찮으신 어머니는 가장 큰 재산은 건강이라며 다 필요 없으니 건강만 하라고 어렸을 적부터 누누이 말씀하셨다. 얼마 전 읽은 책에서는 다른 사람을 변화시키는 것보다 내가 변하는 것이 100배는 더 쉬우므로 나부터 변화하라는 내용도 담고 있었다.

'가장 중요한 자산은 나 자신일 수도 있겠구나.'

생각이 여기까지 미치자 자산의 개념이 변화하기 시작했다. 나 자신을 재테크할 수도 있겠구나 싶었다. 주변을 돌아보니 인생을 성공적으로 즐겁게 꾸려 나가는 지인들은 모두 나라는 자산에 아낌없이 투자했다.

왕 계장도 그랬다. 이미 훌륭한 스펙을 갖고 있으면서도 인터넷 가계부 예산 설정에서 자기 계발 비용에 이 대리보다 훨씬 많은 투자를 했다. 직업에 대한 자신감과 직장에 대한 가치관도 남달랐다. 은행장이 목표라고 자신 있게 이야기할 정도로 즐겁고 패기만만하게 회사 생활을 했다. 즐겁게 일에 몰두하는 모습에는 사람을 끌어당기는 힘이 있었는데, 이제 그 힘의 실체가 무엇인지 알 것 같았다. 바로 왕 계장이라는 '자산'의 가치가 점점 올라가는 보이지 않는 뜨거운 에너지였다.

만약 왕 계장이 예금풍차를 하지 않았다면 예금풍차의 가장 큰 장점을 이처럼 절절하게 느끼지 못했을 수도 있을 것이다. 예금풍차의 동료이자 경쟁자이기도 한 왕 계장은 예금풍차를 시작하면서 회사 생활에 더 보람을 느낄 수 있었다고 했다. 일정한 시스템만 만들어 놓으면 저절로 굴러가는 복리 효과를 누리는 예금풍차 덕분에 회사 생활에 몰두할 수 있었고 회사 생활에 몰두할수록 능력을 인정받으며 더 많은 급여를 예금풍차 하는 선순환 효과를 가져왔다. 이 대리는 교수의 강의를 통해 예금풍차의 진정한 의미를 깨닫게 되었던 것이다.

가장 중요한 것은 돈에 집중하는 것이 아니라 '나'라는 자산의 가치에 집중하는 것이었다. 가치를 증진시킨다는 것은 하루아침에 되는 일이 아니었다. 그러나 꾸준히 하다 보면 예금풍차처럼 복리에 복리를 불러오는 지혜로운 재테크임은 분명했다.

'나보다 현명한 사람의 이야기를 듣는다는 것은 참 소중한 시간이야. 놓치고 있던 것을 깨달을 수 있으니까. 이런 시간을 종종 가져야겠어.'

예금풍차를 하기 전에는 충분히 깨닫지 못했을 수도 있던 일이었다. 삶을 바라보는 이 대리의 시각이 점점 넓어지고 있었다.

더 빛나는
미래를 위하여

　　1년에 한 번 주어지던 KPI 목표가 연 2회 주어지면서 은행 본사뿐 아니라 지점도 정신없이 돌아갔다. '피고름'이란 별명의 지점장이 발령을 온 후 이 대리네 지점도 무척 바빠졌다. 무엇보다 예고에 없던 금감원 감사가 실시되면서 5년치의 대출 서류를 한 달 안에 검토해야 했다. 이 대리는 누구보다 적극적으로 회사에 남아서 감사 준비를 도왔다. 그 와중에도 업무가 모두 끝난 후 30분씩 해피콜을 실시하고, 지점 근처 상가와 회사를 돌며 고객을 유치했다. 퇴근하는 시간이 되면 체력이 바닥나버려서 몸이 종이짝처럼 흐느적거렸다. 아침에는 잘 일어나지도 못해서 아내가 사이렌 소리만큼 크게 "이! 주! 인! 일어나란 말야!" 하고 소리쳐야만 간신히 눈을 뜨고는 했다.

예금풍차 프로젝트 2단계를 시작하면서 한 줄이라도 더 많은 경제경영 서적을 읽겠다고 다짐했지만 시간이 턱없이 부족했다. 당장 코앞에 닥친 일을 헤쳐 나가기도 급급한데, 몇 년 뒤를 대비하면서 경제경영서를 읽는다는 것 자체가 무리수로 여겨졌다. 그러나 이 대리는 그럴 때마다 왕 계장의 저축도를 상기하며 더 열심히 공부할 것을 끊임없이 결의했다. 이 대리는 '쪽 시간'을 이용하기로 마음먹었다. 업계 내에서도 스피드 점심시간으로 유명한 점심시간을 쪼개서 5분, 10분씩 책을 읽었다. 집의 화장실에도 읽기 쉬운 경제경영서 한 권을 비치해 두고 짬짬이 읽었고, 거실의 텔레비전은 없애버렸다. 그리고 거실 벽 한 칸을 책꽂이로 장식한 후, 책을 빼곡히 채워 넣기 시작했다.

　　왕 계장과도 메신저로 꾸준히 연락을 주고받았다. 주말 외환연수 프로그램은 끝났지만 한 달에 한 번 정도 만나서 이야기를 나누었다. 가계 재무에 관하여 지인과 툭 터놓고 이야기한다는 것 자체가 쉽지 않은데, 왕 계장 같은 진솔하고 똑똑한 동료가 있어서 다행이었다. 장 대리와 최 팀장도 훌륭한 멘토이자 든든한 바람막이였다.

　　은행 간의 대학 유치 경쟁이 본격화되면서, 최 팀장은 근처 대학에 직접 찾아가서 상품을 계약하는 등 외근이 잦아졌지만, 항상 이 대리를 응원하는 것을 잊지 않았다. 틈나는 대로 이 대리의 예금풍차 프로젝트 진행 상황을 물으면서 힘들 때면 10년, 20년 뒤의 행복을 그려 보라고 했다. 그런 마음으로 정진하다 보면 그 행복이 1년, 2년 아니 바로 오늘, 내일로 다가온다는 것이었다.

늦은 퇴근을 각오하고 업무에 몰두하던 이 대리에게 직원만족부로부터 한 통의 쪽지가 날아왔다.

'아! 다음 주가 결혼기념일이었구나!'

아내를 위한 꽃다발과 와인, 케이크를 집으로 배송하겠다는 내용을 보면서 이 대리는 아내와 결혼 전에 한 약속을 떠올렸다.

"1년에 한 번, 결혼기념일에는 꼭 단둘이 여행 가자."

이 대리는 늘 자신을 응원하며 살림을 꼼꼼하게 꾸려 나가는 아내를 행복하게 해 주고 싶었다. 한 달에 150만 원씩 예금풍차를 진행하자는 이 대리의 말에 늦게 시작하는 만큼 더 열심히, 한 달에 220만 원씩 예치하자는 말을 꺼낸 것도 아내였다. 예치 금액만큼의 절약을 감당해내야 하는 것도 물론 아내일 것이다. 이 대리는 누구보다 더 자신을 믿고 따라와 주는 아내와 함께하는 여행 일정이 돈으로는 살 수 없을 만큼 귀중한 것임을 이미 잘 알고 있었다.

+

피피섬의 물은 에메랄드 빛이었다. 섬과 섬 사이에서 노를 저으며 마시는 야자수는 꿀맛이었다. 영화 007 시리즈의 촬영지로 유명한 제임스 본드 섬에서는 람보 게임을 하며 놀았다. 개구쟁이로 변신한 이 대리보다 더 신 난 건 아내였다. 구김살 하나 없이 해맑게 웃는 아내는 결혼 전보다 몇 배나 아름다웠다.

바쁜 일정을 마치고 동남아의 이국적인 정치가 묻어나는 빠통 거리를 걷다가 리조트로 돌아왔다. 태국 전통 전신 마사지를 받고는 흐느적거리며 침대 위에 누웠다. 내일은 하루 종일 자유 일정이다. 이 대리와 아내는 누가 먼저랄 것도 없이 곤하게 잠들었다.

리조트 조식은 웬만한 서울의 특급 호텔 조식에 뒤지지 않았다. 이 대리와 아내는 풀빌라형으로 지어진 리조트 안에서 수영도 하고 마음껏 휴식을 취하기로 결정했다. 이 대리는 널찍한 캐노피 침대에 누우며 아내를 불렀다.

"당신, 잠깐 이리 와 볼래?"

"왜? 수영하러 안 가고?"

"갈 거야. 가기 전에 조금만 이야기하다 가자."

이 대리는 아내와 다정히 누워서 인생의 비전과 행복, 추구하고 싶은 삶의 가치에 대하여 여유롭게 이야기하고 싶었다. 아내는 빛나는 미래를 위하여 열심히 저축하는 것에 대해서 200퍼센트 동의했다. 그러나 오늘의 행복을 등한시하는 개미처럼 사는 것이 아닌, 순간순간의 행복을 놓치지 말자는 말을 빼놓지 않았다.

"당신은 인생에서 가장 중요한 게 뭐야?"

"가장 중요한 것?"

"응. 인생에서 가장 중요한 가치. 가치관이라고 해야 하나?"

둘은 우선 서로가 추구하는 가치가 무엇인지부터 설정했다. 결혼 전 여행을 유난히 좋아했던 아내를 위하여 1년에 한 번은 꼭 근사한 여행을 가기로 했다. 회사에서 초고속 승진을 하고 싶다는 청운의 꿈을 마음속 깊이 간직하고 있는 이 대리는 자기 계발 비용에 아낌없이 투자하기로 했다. 이렇게 우선순위를 설정하고 쓸데없는 곳에 소소히 나가는 작은 돈들을 아껴서 저축과 소비의 만족감을 극대화시키는 삶을 만드는 것이 둘의 목표였다.

대학 시절에는 항상 목표와 계획이 있었다. 취업 후에, 결혼 후에는 주어진 현실만을 소화해내는 것도 힘들었던 이 대리가 예금풍차를 시작하면서 다시 목표가 있는 삶을 살게 됐다. 이 대리의 가슴에는 늘 작은 횃불이 활활 타올랐다. 목표가 있는 삶은 건강하고 행복한 것이다.

저축을 하면서 목표를 세우는 것은 미래의 모습을 주기적으로 그려 보는 기회와 시간을 제공했다. 이 대리는 아이도 갖고 노후도 대비하려면 총자산이 얼마나 필요할지 아내와 이야기했다.

"글쎄⋯⋯. 아직 구체적으로 생각해 본 적은 없는걸?"

아내는 선뜻 대답하지 못했다. '많으면 많을수록 좋지 않을까?'라는 애매한 대답만 돌아왔다. 이 대리는 주변에 '성공한 행복한 부자'를 찾아서 직접 물어봐야겠다고 생각했다. 다행히 금융권에 근무하고 있었기에 존경할 만한 부자를 찾는 것은 어려운 일이 아니었다.

이 대리에게 가장 소중한 아내와 함께 인생과 저축의 목표를 설정하는 경험은 1년 중 가장 아름다운 시간이었다. 예금풍차를 시작하기 전에는 아내와 함께 삶의 비전을 그려 볼 엄두도 나지 않았다. 그저 매달 빠져나가는 카드 값을 메우기 정신없을 뿐이었다. 아주 가끔 복권이나 사서 5분 동안 대박 나는 삶을 그려 보기도 했고, 생각보다 적은 월급에 힘겹게 살림을 꾸려 나가는 아내의 눈치 보기만 급급했다.

그러나 예금풍차를 시작하고 계획적으로 자산을 관리해 나가면서 이 대리의 삶은 드라마틱한 반전을 거듭했다. 인생을 이야기하고, 행복을 꿈꾸기 시작했다. 캐노피 침대에 걸쳐진 하얀 천이 창으로 불어오는 바람에 휘날렸다. 창밖으로 보이는 야자수와 자쿠지는 무척 평화로워 보였다. 이 대리와 아내는 한국으로 돌아가자마자 2세를 갖기로 계획했다.

예금풍차의
궁극적인 목표

　예금풍차를 시작한 지 꽤 많은 시간이 지났다. 계절도 몇 번이나 옷을 갈아입었다. 이 대리의 지점은 창문이 없었기에 시간이 더 빨리 가는 것처럼 느껴졌다. 그동안 이 대리도 한 달에 한 개씩 열다섯 번의 예금풍차를 경험했다.
　사내 저축왕 콘테스트가 본격적으로 시작되면서, 은행 내에 저축 열풍이 더욱 거세게 불었다. 인터넷 가계부뿐만 아니라 스마트폰 가계부 어플도 여러 개 다운받아서 자신에게 가장 편리하고 활용도 높은 것을 사용하며 적은 돈도 아꼈다. 연말정산 시즌이 되면서 미처 챙기지 못했던 소득공제를 꽉꽉 채우기 위한 노력도 예년보다 모두 적극적이었다. 옆자리의 민 대리는 연 400만 원 한도까지 소득공제가 되는 '연금저축 소득공제'에서 놓치고 있던 100만 원을 추가로 소득공제받기 위하여 미리 추가불입을 해 놓았다고 한다. 저축의 근본인 '선저축 후소비'가 생활화되면서 모두 펀드, ETF, 정기예금, ELS, ELF, ELD, 연금보험, 저축보험 등 자신만의 재테크 상품을 기반으로 저축에 더욱 열정적이었다. 눈에 보이지는 않았지만 회사 안은 확실히 저축 열기로 가득했다.

이 대리는 예금풍차를 시작하면서 저축의 재미에 푹 빠져 있었다. 은행원이었지만 저축이 이렇게 재미있는 것인 줄 몰랐다. 예전에는 쓰고 싶은 돈을 마음껏 쓰지도 못하고 억지로 통장에 집어넣는 고역스런 일을 저축이라고 생각하기도 했다. 그러나 매달 한 개씩 정기예금을 만드니 연 단위로 관리할 때와는 차원이 다른 긴장감이 생겼다. 자산 규모는 과거와 비슷했지만 한 개씩 정기예금 통장이 생겨날 때마다 나의 자산 포트폴리오에 더 많은 애정과 관심을 쏟게 됐다. 적금에 비해 금리에 좀 더 민감하게 반응할 수 있는 점도 신났다. 금리가 낮은 시기에 적금을 가입하면 어쩔 수 없이 만기까지 낮은 금리를 유지해야만 하는 것이 이 대리는 늘 불만이었다. 하지만 예금풍차는 금리가 높은 시기든 낮은 시기든 상관없이 평균적인 정기예금 금리를 적용받을 수 있었다.

돈이 갑자기 몇 곱절씩 불어나는 것은 아니었지만, 매달 정기예금을 가입하고 해지하는 과정을 반복하면서 이 대리의 금융 포트폴리오는 그 기틀이 점점 탄탄해지고 있었다.

약 1년 반 동안 예금풍차를 경험하면서 이 대리는 저축하는 사람이 모두 부자가 되는 것은 아니라는 것을 깨달았다. 불타는 의지로 저축을 하겠다고 다짐하고도 그 각오가 석 달을 가지 못하는 경우가 부지기수였다. 열심히 저축하여 많은 돈을 모아 놓고도 주식이나 사업 실패, 보증 등으로 파산 신고를 하고 길바닥에 나앉은 고객도 종종 보았다. 남한테 단 한 푼도 베풀지 않고 인색하게 살면서도 이상하게 먹고살기 급급할 정도로 어려운 형편을 지속하는 사람도 많았다. 돈은 많이 모았지만 마치 누군가에게 쫓기듯 신경강박증에 걸려서 더 불행한 삶의 나락으로 빠지는 불행한 부자도 어렵지 않게 목격했다.

중요한 것은 왜 돈을 모아야 하는지, 저축을 통해 내가 이루고자 하는 삶의 목표가 무엇인지를 찾아내는 것이었다. 인생의 궁극적인 목표를 찾아내는 과정 중 하나의 수단으로써 예금풍차가 존재할 뿐이었다. 나는 왜 부자가 되려고 하는가? 돈을 많이 모아서 얻고자 하는 것은 무엇일까?

예금풍차가 준
가장 큰 선물

이 대리는 오전 근무를 빠지고 은행 본사로 향했다. 외환 연수 때문에 자주 드나들던 곳이지만 오늘처럼 손에 식은땀이 촉촉히 밴 적은 처음이다. 장 대리도 이마에 땀이 송글송글 맺힌 것이 퍽 긴장한 듯 보였다. 항상 당당하고 패기만만했던 장 대리가 이렇게 긴장한 모습을 보이는 건 처음이었다.

"이 대리, 고마워."

"고맙기는……. 나야말로 장 대리에게 고맙지."

"소감문 준비는 잘 했어?"

사내 저축왕 콘테스트에서 공동 1위를 수상한 이 대리와 장 대리를 대표해 이 대리가 소감문을 발표하기로 했다.

"응. 여기 써 왔는데, 한번 읽어 볼래?"

"이 대리가 어련히 알아서 잘 써 왔으려고."

"그런데 2위랑 3위는 누군지 혹시 알아?"

"저쪽에 서 계신 분이 2위인데, 수탁업무부 팀장님이시래. 인덱스 펀드로 재테크에 성공한 사례를 도표와 그래프로 잘 설명하셨다고 하더라고. 3위는 신용카드 체리피커(cherry picker)형 사용기에 관한 주제라고 들었어."

"아, 그렇구나."

"다 같이 회식 한번 한다는데 그때 자세히 여쭤 보자. 그런데 일단 발표부터 집중! 아침 조례 시간에 생중계로 전 지점에 방영한다니까 떨지 말고 잘해."

"응. 알았어."

행장님의 메달과 상금 수여가 끝나고, 곧 이 대리의 소감 발표 순서가 돌아왔다.

"예금풍차를 시작하고 제가 겪은 가장 큰 변화는 이전보다 훨씬 즐겁게 회사 업무에 몰입할 수 있게 된 것입니다. 아직 예금풍차를 시작한 지 2년이 채 되지 않고, 갈 길은 너무 많이 남았지만, 저는 재테크에 집중하는 만큼 회사 생활도 두 배, 세 배 더 성공적으로 해낼 수 있다는 자신감이 생겼습니다. 무엇보다 예금풍차의 3단계까지 꼭 성공적으로 수행하고 싶다는 열의 때문에 경제경영 공부도 더욱 박차를 가할 것입니다. 예금풍차가 저에게 준 가장 큰 선물은 바로 삶에 대한 열정 그 자체입니다."

강당을 꽉 메운 직원들은 반짝거리는 눈빛으로 이 대리를 바라보았다. 발표가 끝나자마자 뜨거운 박수를 보냈다. 어리벙벙한 이 대리는 얼떨결에 자기 자리로 돌아왔다. 기특하다는 눈빛으로 지그시 이 대리를 바라보던 장 대리가 이 대리의 의자를 빼 주었다. 그리고 조그만 목소리로 말했다.

"멋졌어, 이 대리."

사내 저축왕 콘테스트 수상자들에게는 한 가지 미션이 주어졌다. 멘티를 지원한 사내 직원과 일대일로 연계하여 저축 멘토가 되어 주는 것이다. 긴장도 풀리고 얼굴에 미소가 가득해진 이 대리는 누가 자신의 멘티가 될 것인지 그제야 궁금해지기 시작했다.

"이 대리, 누군지 알아?"

"누구라니?"

"일대일 멘티할 직원 말이야."

"아니."

"여기 명단 나왔어. 한번 봐 봐."

장 대리가 건네주는 명단을 받으며 이 대리의 눈이 동그래졌다.

"나신입 계장……? 몇 기지?"

"아마 28기일 거야."

"우와! 벌써 28기가 들어왔어? 세월 참 빠르다."

"하하. 그러게."

"멘토·멘티 역할에 관한 가이드라인 같은 건 없어?"

"아니. 서로 의논해서 자유롭게 하는 거래."

"가이드라인이 없으면 주먹구구식이 되지 않을까?"

이 대리는 멘토 역할을 어디서부터 어떻게 시작해야 하는 건지 도저히 감이 오지 않았다.

"주먹구구식이 안 되게 우리가 최선을 다해야겠지."

책임감 강하기로 둘째라면 서러운 장 대리는 이미 다부진 각오가 선 듯했다.

"그런데 멘토·멘티제를 미션으로 부여한 이유는 뭐야?"

"훌륭한 재테크 기법이 한 사람에 머물지 않고 널리 퍼지게 한다. 뭐 이 정도 아닐까?"

"예금풍차를 많은 사람이 알게 한다……?"

"그럼! 짧은 기간이지만 우리가 최 팀장님께 배운 예금풍차의 장점을 다른 이에게 전파하는 것이 우리에게도 많은 도움이 될 거야. 자신 있지?"

"응. 부끄럽지 않을 만큼 해보자고."

이 대리는 처음 멘토·멘티 미션을 들었을 때 생겨난 두려운 마음이 조금씩 가셨다. 누군가를 가르친다는 것은 타인이 아닌 나 스스로에게 더 엄격한 잣대를 대야만 하는 일이었다. 그 과정 자체가 큰 도전이자 발전의 토대가 될 것임은 분명했다.

"그런데 나신입 계장 말이야……. 여자일까, 남자일까?"

만약 여자라면 꼭 예뻤으면 좋겠다는 간절한 바람을 폴폴 담아 장 대리가 말했다. 그러더니 느닷없이, 마치 고시를 1년 앞둔 수험생의 비장한 각오처럼 한 자 한 자 힘주어 이야기했다.

"나 장절친, 올해 꼭 장가간다!"

누군가의
멘토가 된다는 것

멘티와의 만남은 매주 목요일 저녁 명동의 제2본사에서 이루어졌다. 장 대리는 신상품 팸플릿 모델로 선발될 정도로 뛰어난 미모의 나신입 계장에게 꼭 본인이 예금풍차의 정수를 전수해야만 한다고 고집을 부렸다. 덕분에 이 대리는 한 달 동안 나신입 계장을 만나 보지도 못했다. 휴게실에서 나 계장과의 첫 미팅을 기다리며 이 대리는 창밖을 바라보았다.

'나는 왜 지금까지 현실을 외면하려고만 했을까?'

예금풍차를 시작하기 전에는 종종 인생이 갑갑하게 느껴졌다. 멋지게 활짝 피어 보기도 전에 각종 책임감들에 파묻힌 것만 같았다. 그 근본에는 항상 돈이 존재했다. 그러나 예금풍차를 시작하고 삶에 대한 태도 자체가 바뀌었다. 주도적으로 돈을 통제하며 인생을 이끌어 나가는 법을 깨달은 것이다.

　단지 종잣돈을 만든다는 것만으로 삶이 변화하지는 않을 것이다. 이 대리는 예금풍차를 하면서 자신의 삶을 능동적으로 바라보기 시작했고 그 속에서 비전을 세웠으며, 실천하는 행동가가 됐다.

　소문대로 나 계장은 아름다웠다. 한 달 동안 멘토를 한 장 대리의 말에 의하면 3년 전부터 신입 행원들의 연봉이 20퍼센트 삭감되면서 고정 월급이 무척 적다고 했다. 더군다나 동생들 학비까지 보태고 있는 상황이라서 저축할 수 있는 자금도 거의 없다고 했다. 나 계장에게 적합한 예금풍차가 되려면 새로운 아이디어가 필요했다. 아주 적은 자금밖에 없는 사람에게도 비전을 제시할 수 있어야만 진짜 훌륭한 재테크 기법이 될 것임을 확신했다.

　나 계장을 위한 아이디어를 짜내는 시간은 쉽지 않았지만 무언가를 이렇게 고심해 본다는 것 자체가 보람찼다. 이 대리는 뇌의 사고 영역 자체가 커지는 느낌을 받았다. 기존의 것을 자꾸 응용하고 창의적인 생각을 하다 보면, 고정적인 사고의 틀에서 벗어나 다양한 각도에서 다양한 해결책을 찾아내는 능력까지 덤으로 생겼다.

　자판기에서 캔커피 세 개를 뽑아 장 대리와 나 계장 앞에 하나씩 놓았다. 얼핏 나 계장을 바라보는 장 대리의 눈빛에서 설렘이 묻어났다. 몇 달 전, 단순히 예쁜 여자랑 결혼하고 싶다고 울부짖던 본능적 패기와는 차원이 다르다는 것을 한눈에 알 수 있었다. 이제 장 대리도 결혼할 날이 얼마 남지 않은 것 같다는 감이 왔다.

나 계장이 이 대리의 제수씨가 될지도 모른단 생각이 들자, 더 열심히 예금풍차를 돕고 싶었다. 역시 사람의 인연이란 어디서 어떻게 이어질지 모를 일이었다.

✣

나 계장은 아무리 허리띠를 졸라매도 당장 한 달에 100만 원씩 정기예금을 넣는 건 무리라고 했다. 갑작스러운 생활의 변화를 감당할 수 있을지 두려워했다. 매달 조금씩 차근차근 저축액을 늘려 나가고 싶었다.

"적금으로 시작해 보는 건 어떨까?"

"적금풍차?"

목돈을 한 번에 예치하는 정기예금과는 달리 정기적금은 매달 일정액을 불입하여 일정 기간 뒤에 목돈을 만드는 금융상품이다.

"첫 달에 10만 원짜리 정기적금을 가입하고 매달 10만 원씩 자동이체를 설정해 놓는 거지. 둘째 달에도 또 10만 원짜리 정기적금을 가입하고 자동이체를 설정하고, 셋째 달에도 또 10만 원짜리 정기적금을 가입하고. 그러면 첫 달에는 10만 원, 둘째 달에는 20만 원, 셋째 달에는 30만 원, 이렇게 저축액이 차츰 늘어날 거 아냐. 그렇게 1년이 지나면 매달 한 개씩 원금 120만 원의 정기적금 만기가 돌아올 테니까."

"아, 그럼 그때부터 매월 급여를 추가로 불입하면서 본격적으로 예금풍차를 시작하면 되겠구나!"

"바로 그거지!"

"나 계장은 어때? 장 대리의 아이디어가 마음에 들어?"

"네. 아직 확실하게 이해되지는 않지만, 적은 금액으로도 예금풍차를 시작할 수 있고, 저축액도 소액에서 차차 늘려 나갈 수 있다는 말씀이죠?"

"응! 맞아. 이해력이 탁월하네."

나 계장이 방긋 미소를 띠니 양 볼에 보조개가 움푹 패였다. 기뻐하는 나 계장을 보면서 신이 난 장 대리의 모습을 보니 꼭 아내를 처음 만나 안달복달 애태우던 자신의 연애 시절이 떠올랐다.

나 계장은 예금풍차의 멘티가 되었지만 저축할 수 있는 금액이 턱없이 적음에 답답해했을 것이다. 어떠한 투자도 종잣돈 없이 성공하기 힘들다는 것을 잘 알면서도, 무턱대고 저축만 할 수 없음을, 꿈꾸는 이상과 현실의 격차가 점점 커지는 것을 지켜보면서도 막상 아무것도 할 수 없었던 나 계장의 지난 몇 년을 장 대리는 이제 행복이 가득한 하루하루로 보상해 주고 싶었다.

적금풍차 1년차 (O=자동이체 입금)

	1월	2월	3월	4월	5월	6월	7월	8월	9월	10월	11월	12월
적금1	O	O	O	O	O	O	O	O	O	O	O	O
적금2		O	O	O	O	O	O	O	O	O	O	O
적금3			O	O	O	O	O	O	O	O	O	O
적금4				O	O	O	O	O	O	O	O	O
적금5					O	O	O	O	O	O	O	O
적금6						O	O	O	O	O	O	O
적금7							O	O	O	O	O	O
적금8								O	O	O	O	O
적금9									O	O	O	O
적금10										O	O	O
적금11											O	O
적금12												O

적금풍차 2년차

	1월	2월	3월	4월	5월	6월	7월	8월	9월	10월	11월	12월
적금1	정기예금1 개설												
적금2	O	정기예금2 개설										
적금3	O	O	정기예금3 개설									
적금4	O	O	O	정기예금4 개설								
적금5	O	O	O	O	정기예금5 개설							
적금6	O	O	O	O	O	정기예금6 개설						

	1월	2월	3월	4월	5월	6월	7월	8월	9월	10월	11월	12월
적금7	○	○	○	○	○	○	정기예금7 개설					
적금8	○	○	○	○	○	○	○	정기예금8 개설				
적금9	○	○	○	○	○	○	○	○	정기예금9 개설			
적금10	○	○	○	○	○	○	○	○	○	정기예금10 개설		
적금11	○	○	○	○	○	○	○	○	○	○	정기예금 11 개설	
적금12	○	○	○	○	○	○	○	○	○	○	○	12 개설

* 적금풍차 2년차에 예금풍차로 본격 전환!

행복하고 발전적인
삶의 원동력

　사내 저축왕 콘테스트 결과 발표 다섯 달 만에 은행 내에는 예금풍차 신드롬이 불었다. 예금풍차의 장점만을 벤치마킹한 금융 신상품을 만들자는 제안까지 생길 정도였다.
　예금풍차를 하는 사람들의 모임인 '예사모'라는 사내 동호회까지 생겼다. 절약·저축·투자의 과정을 공유하고 재테크의 어려운 점은 토로하고 도움을 받기도 했다. 경제경영 서적을 매주 한 권씩 선정하여 독서토론회를 열기도 했다. 동일한 목표를 가진 누군가와 같은 방향을 바라보며 함께 노력한다는 것은 즐거운 체험이었다.
　김 지점장은 지점에서 중점적으로 관리하는 30여 명의 VIP 고객을 대상으로 재테크 강연회를 여는 것이 어떻겠냐고도 물었다.
　"VIP 고객들을 대상으로요?"

"응. 예금풍차에 관해 전해 들은 몇몇 VIP 고객들이 깊은 관심을 갖더라고. 특히 정운영 사장이 꼭 세미나를 열어 달라고 특별히 부탁했어."

정 사장이 이 대리의 재테크 강연을 듣고 싶어 한다는 소식은 뜻밖이었다. 몇 개의 편의점을 가지고 능수능란하게 돈을 불려 나가는 재테크의 고수 정운영 사장이 아니었던가. 그런 그가 예금풍차에 관한 정보를 목말라했다. 이 대리는 한때 정 사장을 질투했던 것이 부끄러웠다. 어린 나이임에도 큰돈을 모을 수 있었던 것은 운이 아니라 이렇게 늘 새로운 정보 하나도 놓치지 않으려는 부지런함과 적극성 때문이었을 것이다.

신입 행원들 사이에서는 적금풍차가 유행했다. 상대적으로 적은 급여 때문에 많은 돈을 한 번에 예치하기가 어려웠기에 적금풍차는 부담이 적었다. 마음의 짐이 적은 만큼 시작하기도 수월했다.

이 대리는 재테크에 집중하면 그만큼 삶에 대한 강한 열정이 생겨난다는 것을 체감하고 있었다. 그 중심에는 예금풍차가 존재했다. 하지만 꼭 기억해야 하는 것은 예금풍차를 통해 이루려는 삶의 목표가 무엇인지, 나아가야 할 방향을 잃지 않는 것이었다.

✛

오늘도 역시 정신없는 하루였다. 월말에는 늘 지점이 북적거렸다. 된장찌개가 코로 들어가는지 입으로 들어가는지 모를 정도로 급하게 점심을 마치고 다시 지점으로 돌아가려는데 문자가 하나 왔다.

'여보, 사랑해, 사랑해, 사랑해!'

뜬금없는 아내의 '사랑해' 폭탄 문자에 이 대리는 아내의 심경에 어떤 변화가 생긴 건지 궁금해 전화를 걸었다.

"당신 왜 그래?"

"여보, 나 사랑하지?"

울먹거리는 목소리로 아내가 물었다. 이 대리는 혹시 집에 무슨 일이 생긴 건 아닐까 걱정부터 앞섰다.

"당연히 사랑하지. 나는 당신을 세상에서 제일로 사랑해요. 그런데 정말 무슨 일 있는 거야?"

"여보……."

"그래. 나 여깄어. 왜 그래, 당신."

아내의 목소리가 가늘게 떨리기 시작했다.

"뭔지 모르지만 전화로 말하기 힘든 거면 이따 집에 가서 이야기할까? 나 오늘 팀장님께 말씀드리고 빨리 퇴근……."

"여보, 나 임신했어."

이 대리는 온몸이 얼어붙는 것 같았다. 자신과 아내를 닮은 예쁜 2세를 갖게 해 달라고 함께 두 손 모아 기도드렸지만 이렇게 빨리 그날이 올 줄은 예상하지 못했다. 할 수만 있다면 지점을 꽉 메운 고객들을 향해 '나 이제 아빠 됩니다!' 하고 큰 소리로 외치고 싶었다. 이 대리의 몸은 은행에 있었지만 마음만은 이미 아내가 있는 집을 향해 전속력으로 달려가고 있었다.

PART 4

10년에 두 번 오는
태풍 수익 기회를 잡아라

해마다 복리로 불어나는 열두 개의 정기예금은 재테크의 강력한 엔진이 되어 주었다.
책과 신문을 통해 얻는 지식과 혜안들은
부드러운 기름이 되어 영차영차 엔진을 돌려 주었다.
하지만 이것만으로 자동차를 목적지까지 가져가기에는 2퍼센트 부족했다.

예금풍차
2주년

　열두 개의 정기예금이 두 번의 사이클을 도는 동안 이 대리는 약 50권이 넘는 경제경영 서적을 읽었다. 밤 10시가 넘어서야 간신히 퇴근하는 날이 일주일에 서너 번일 정도로 벅찬 일과가 계속되었지만 이 대리는 출근하는 것이 너무나 즐거웠다. 예전과는 다르게 월급날이 두근두근 기다려졌다. 매달 한 번씩 정기예금의 만기가 돌아오면 이자를 받고 이달의 월급을 추가로 불입하여 또 하나의 정기예금을 탄생시키는 과정이 그의 열정의 성장 동력이었다.
　예금풍차 3단계를 위하여 5분, 10분의 쪽 시간을 모아 경제경영 서적 읽기에 몰입했다. 말이 100권이지 경제경영 서적을 읽는 것은 결코 쉬운 일은 아니었다. 소설처럼 술술 읽히는 것도 아니고 자기계발서처럼 재미가 있는 것도 아니었다. 온갖 그래프와 도표로 가득 찬 책을 읽을 때는 머리가 지끈지끈 아프기도 했다. 그러나 책을 읽을수록 산발적으로 흩어져 있던 지식들이 하나의 큰 축을 바탕으로 중심이 잡히는 것을 느꼈다. 학교에서 이론적으로만 배웠던 경기순환 주기에 따른 실물의 움직임이 어느 순간 피부로 느껴지기 시작했다.

투자 이론과 실전을 이분법적으로 분리하지 않고 연결 고리를 찾고자 시도하게 된 것은 이 대리의 투자 마인드에 혁신을 불러왔다. 경제 흐름에 무지했던 이 대리가 금리와 주가, 부동산과 채권의 상관관계뿐만 아니라 날씨, 국회 입법안, 정치, 외교에 따른 경제의 변화까지 살필 줄 알게 됐다. 경제경영 서적을 읽을수록 이 정도의 기본적인 책도 읽지 않고 주식이나 부동산에 투자했더라면 정말 큰일 날 뻔했다는 생각이 들었다. 진짜 투자를 시작하면 세법과 같은 실용적이고 전문적인 분야까지 공부해야겠다는 생각도 들었다.

예금풍차를 통해 종잣돈을 꾸준히 마련해 나가는 것도 소홀히 하지 않았다. 꾸준한 경제경영 공부를 통해서 투자 시점을 찾아내는 경제 감각을 폭발적으로 키우더라도 종잣돈 없이는 무의미하다는 것을 잘 알고 있었다.

경제경영 서적을 읽다 보면 유달리 자주 만나는 표가 하나 있었다. 바로 앙드레 코스톨라니의 '달걀 모델'이다. 은행원이라는 직업 때문에 0.1퍼센트의 금리에도 민감할 수밖에 없는 이 대리에게

앙드레 코스톨라니의 '달걀 모델'

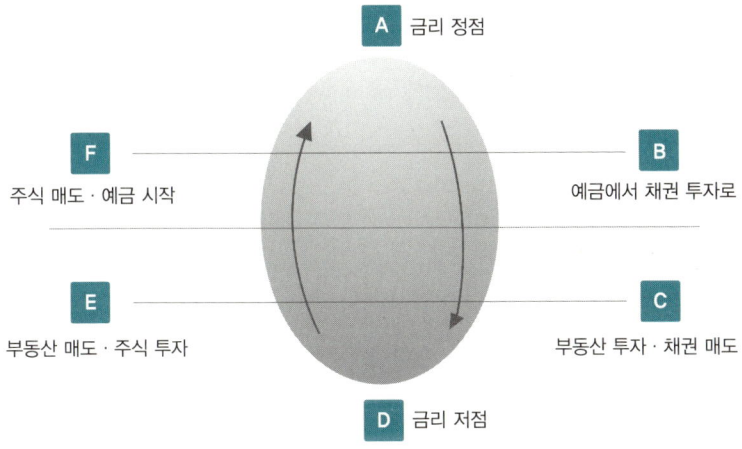

는 금리를 중심으로 한 자산가들의 움직임을 간단한 표 하나로 설명하는 점이 인상적이었다. 물론 100퍼센트 적중할 수는 없지만 은행에서 만나는 실제 자산가들의 투자 움직임을 이해하고 설명하는 데 큰 도움이 됐다. 달걀 모델은 A부터 F까지 여섯 개의 지점으로 구성되어 있다.

코스톨라니는 가진 돈을 지키는 것에 목숨을 거는 자산가들의 속성에 주목했다. 원금을 잃을 위험이 없는 고금리의 정기예금 상품은 자산가들에게 가장 적합한 투자 상품이다(A).

그러나 금리가 끝도 없이 오를 수만은 없는 법. 금리 하락기가 시작되면서 자산가들은 돈을 어떻게 굴려야 하나 고민을 시작한다. 이때 적절한 상품이 바로 확정금리 채권이다. 자산가들은 채권에 투자한 후에 금리가 하락하는 만큼 채권의 표면금리뿐만 아니라 시세 차익까지 얻게 된다(B).

그러나 채권 만기가 도래하면 새로 발행되는 채권은 낮아진 시중금리 때문에 예전만큼 고금리를 제공하지 못한다. 채권에도 정기예금에도 큰 매력을 느끼지 못한 자산가들은 이자 수익 대신 임대료 수익을 얻고자 헐값에 부동산을 매입한다. 자산가들이 너도나도 건물을 매입하면 수요와 공급의 논리에 따라 부동산의 인기가 껑충 뛰면서 건물 값이 점점 오른다(C). 금리는 여전히 하락하고 있다(D).

건물 값은 두 배, 세 배로 뛰었지만 건물 값 상승 분만큼 임대료도 같이 올릴 수는 없기에 자산 대비 수익률은 낮은 편이다. 이때쯤 자산가들은 몇 배의 시세 차익을 얻고 부동산을 매도해버리고 새로운 투자처를 찾는다. 예금에도 채권에도 부동산에도 더 이상 매력을 느끼지 못한 자산가들은 어쩔 수 없이 리스크가 큰 주식시장으로 발걸음을 돌린다. 다만 몸집이 크고 폭락의 위험이 적은 대형 우량주를 중심으로 주식을 매입한다. 자산가들의 움직임 때문에 주가는 급격하게 오른다(E).

주가가 고공 행진하고 있다는 소식이 전해지면서 온 국민이 너도나도 주식과 펀드 투자를 시작하려고 할 때쯤 경기과열 현상을 잠재우고자 정부에서는 고금리 정책을 편다. 이때 자산가들은 안전한 고금리 정기예금 상품에 자산을 다시 보관하고자 주식을 매도해버린다. 이제 주가는 폭락하기 시작한다(F).

최 팀장은 항상 경기의 흐름을 이해한 자만이 한발 앞서 나가는 투자 전략을 펼칠 수 있다고 이야기하고는 했다. 종잣돈이 없으면 아무리 좋은 기회가 와도 잡을 수 없기 때문에 예금풍차로 꾸준히 목돈을 모아야 한다는 말도 잊지 않았다. 그렇게 수년 전 투자한 5000원짜리 주식들이 5만 원이 된 그래프를 보여 주며 흐뭇한 미소를 짓는 것도 빼먹지 않았다.

"에이, 팀장님. 투자 성공하셨다고 너무 티 내시는 거 아니에요?"

"뭘 이것 갖고 그래? 이 대리는 나보다 훨씬 크게 성공할 거면서."

"모르겠어요. 아직 자신이 없어요."

"자신감만 가지고 다 되는 것도 아니지만, 자신감이 없으면 될 것도 안 되는 법이야. 내가 좋아하는 명언 중에 이런 말이 있네. '인간에게는 의식적인 노력으로 자신의 삶을 높일 능력이 분명히 있다는 것보다 더 용기를 주는 사실은 없다.' 나는 이 대리의 무한한 잠재력을 믿네."

우리가 잡아야 할
세 번째 W의 기회

나는 승리에 사로잡힌 사람이 아니라, 오직 진실에 사로잡힌 사람이다. 나는 성공에 사로잡힌 사람이 아니라, 내 안에 있는 빛에 사로잡힌 사람이다.

_미국 16대 대통령, 에이브러햄 링컨

여의도서지점으로 발령을 받은 최 팀장은 새로운 명함을 주며 자신의 도움이 필요할 때마다 이메일을 보내라고 했다. 지점장으로 승격되었기에 내일부터는 직원들에게 최 지점장으로 불릴 최 팀장이었다. 이 대리는 최 팀장의 승격을 축하하면서도 그와 헤어지는 것이 못내 아쉬웠다.

"나 보고 싶으면 언제든지 연락해."

"네. 최 팀장님, 아니 최 지점장님."

"새로 오는 팀장 평판이 아주 좋더라고. 잘 지내 봐. 아! 그리고 새로운 지점에 적응하려면 2~3주 정도는 정신없을 것 같아. 하지만 이 대리에게 꼭 할 이야기가 있으니까 적당한 시기에 약속 날짜를 잡자고. 이 대리에게 꼭 해 주고 싶은 이야기가 있어. 일명 'W 스토리'라고 하지."

"어떤 이야기인데요? W 스토리는 또 뭐죠?"

"너무 놀라지는 말게. 바로 예금풍차의 3단계, '경제경영 서적 100권 돌파 후 10년에 두 번 오는 태풍 수익 얻기'에 들어가기 전에 반드시 알고 있어야만 하는 이야기일세. 그리고 W는 우리가 왜 예금풍차를 해야만 하는가에 관한 내용이야."

최 지점장이 준 명함에는 그의 새로운 이메일 주소가 나와 있었다. 2주가 좀 지나서 최 지점장에게 이메일을 보내자 다음 주 수요일 저녁에 함께 식사를 하자는 답변이 왔다. 이 대리의 공식 멘토인 최 지점장은 A은행 성과 1위 최연소 지점장에 오른 것을 시작으로, 금융계에서 점점 그 명성을 떨쳐 나가고 있었다.

✢

이 대리는 일찍 퇴근을 하고 여의도로 향했다. 몇 년 전 아내와 벚꽃축제 데이트를 하러 온 이후 처음이었다. 여의도는 화려하고층빌딩에 바쁜 직장인들이 왔다 갔다 하는 곳이라서 그런지 늘 생기가 넘쳤다. 이 대리는 아내의 볼그레한 뺨에 뽀뽀를 할까 말까 수줍어하던 데이트를 생각하니 '푸힛' 웃음이 났다. 아내의 손을 잡고 여의도공원에서 자전거를 타던 때가 엊그제 같았다.

저녁이었지만 빌딩의 불은 반짝거렸다. 대한민국의 웬만한 금융회사들이 모두 포진해 있는 곳이 바로 여의도다. 이곳에서 창출되는 연간 부가가치만 해도 수조 원이 넘을 것이다.

이 대리는 꺼지지 않는 고층건물들의 불빛을 바라보다가 처음 예금풍차를 시작하던 때가 떠올랐다. 매월 월급을 저축하고 열두 개의 정기예금을 굴리면서 쉬지 않고 경제경영 서적을 읽었다. 예금을 계속 굴리기 위해서는 월급이 꼭 필요했기에 놓치기 쉬운 급여의 소중함을 온몸으로 느끼며 회사 생활에도 최선을 다했다.

꺼지지 않는 고층건물의 불빛처럼 이 대리의 예금풍차도 24시간 365일 가동됐다. 잊지 말아야 할 것은 행복하고 성공적인 삶을 위한 수단으로 예금풍차를 수행하는 것이었다. 돈이 목표가 아니라 삶이 목표일 때 예금풍차는 제 의미를 다했다.

"여의도는 야경이 참 아름다운 곳이야."

최 지점장은 이 대리를 보며 미소 지었다. 이 대리는 최 지점장을 몇 주 만에 만나고 소스라치듯 놀랐다. 살짝 올린 앞머리와 댄디한 스타일의 정장은 최 지점장을 열 살쯤 어려 보이게 했다. 모르는 사람이 보면 형, 동생 사이로 볼 것 같았다. 능력과 어울리지 않는 외관은 허세로 비춰지지만 능력에 맞는 외관은 그의 실력을 더 빛나게 해 주는 멋진 갑옷과도 같았다.

최 지점장은 최연소 PB센터 본부장 물망에 오를 정도로 금융권 안팎의 뜨거운 관심을 받는 화려한 커리어로 승승장구하고 있지만 큰 위기를 겪은 적이 여러 번 있었다. 금융 위기 때마다 마이너스 수익률로 수많은 고객들이 최 지점장에게 등을 돌렸고 민원도 많이 받았다. 하지만 이 대리는 최 팀장이 진심과 성실, 능력으로 고객의 자산을 플러스 수익률로 돌려 놓았고, 그 고객들이 아직도 은행의 충성 고객으로 최 지점장에게 전폭적인 신뢰를 보내는 것을 모두 보아 왔다.

그가 고객들에게 끊임없이 사랑을 받는 것은 '나비처럼 날아서 벌처럼 쏘라'는 무하마드 알리 스타일의 투자 권유 때문이었다. 그는 불경기와 호경기를 가리지 않고 무조건 투자를 권유하지 않았다. 차곡차곡 목돈을 모았다가 기회가 왔을 때 벌처럼 기회를 잡아 고수익을 올리고는 했다. 최 지점장이라면 언제가 그 기회인지 해답을 가르쳐 줄 것 같았다.

"예금풍차를 어떻게 시작하셨다고 했죠?"

"누군가로부터 스쳐 지나가듯 듣고 엉겁결에 시작했어."

"네. 그렇군요."

"최악이었어······."

"네?"

"하하. 아니야. 그냥 갑자기 그때 생각이 나서……. 예금풍차를 처음 시작했을 때가 내 은행 생활의 가장 큰 위기였거든. 명예퇴직을 심각하게 고민했을 때니까. IMF 때도 그렇고 리먼브러더스 사태 때도 그렇고……. 고객에게 추천한 펀드며 파생상품들의 수익률이 곤두박질치면서 떨어지는데 어떻게 해야 할 줄을 모르겠더라고. 어쩌면 예금풍차가 가장 안전한 방식의 재테크 기법으로 비춰졌기 때문에 당시 고객들에게 권유할 수 있던 것 같아. 적어도 마이너스 수익률을 볼 일은 없잖아."

한참 높은 직급에도 불구하고 여전히 이 대리를 친근한 말투로 대하는 최 지점장이 들려주는 이야기는 무척 당황스러웠다. 그러나 생생하고 절박했던 당시 금융 현장의 모습임은 분명했다.

"대부분의 고객들은 가시적인 수익률을 빨리 보고 싶어 하지. 고객의 급한 마음에 덩달아 같이 급해져서 고객의 현 상황에 어울리지 않는 상품을 추천했던 것이 큰 실수였어. 그런데 이미 손실을 확정 지은 고객들조차도 안전한 정기예금이나 정기적금 같은 상품은 다들 무척 지루해했어. 그런데 오직 예금풍차만이 고객에게 따분함을 주지 않았네. 적금처럼 강제성이 없음에도 불구하고 오히려 고객이 먼저 정기예금 만기일을 손꼽아 기다려서 신규 신청을 할 정도였으니까.

이 대리도 잘 알다시피 적금은 중도해지하는 고객이 많잖아. 목돈을 모으겠다고 무리하게 많은 금액을 자동이체시켜 놓지만,

지출이 많은 달이 다가오면 어쩔 수 없이 적금 납입을 포기하니까. 하지만 예금풍차는 유연성 있게 대처할 수 있지. 지출이 많은 달에는 추가불입액을 낮추면 되거든. 그렇게 점점 예금풍차의 장점이 입소문 나기 시작했어."

"인기가 많았나 봐요?"

"그럼. 더군다나 예금풍차는 복리의 마법까지 부리지 않나. 당시만 해도 복리 상품은 10년 이상의 장기 상품이 아니면 찾아볼 수가 없었지."

치열한 고객과의 접점에서 살아남은 최 지점장은 고객에게 진짜 필요한 것이 무엇인지 정확히 간파하고 있었다. 이 대리는 예금풍차로 고객의 포트폴리오를 관리하는 최 지점장의 노하우를 왜 진작 알아채지 못했을까 뒤늦은 후회가 들었다. 더불어 지금의 자리에 오르기까지 얼마나 많은 애환과 역경이 있었을지 이 대리는 이제야 제대로 짐작할 수 있었다.

"혹시 빌 게이츠의 '생각 주간(Think Week)'을 들어 봤나? MS 재직 당시 1년에 두 차례씩 미국 서북부 호숫가에 위치한 자신의 별장에 은둔해서 MS의 장래를 결정지을 전략과 아이디어를 생각했던 주간으로 유명하지. 투자에도 빌 게이츠의 생각 주간 같은 것이 필요해. 펀드든 부동산이든 채권이든 예금이든 일정한 경기순환 주기는 존재하고 투자하기 적절한 시기를 알아챌 수 있는 통찰력과 직관을 갖추어야 하니까. 내가 예전에 주식의 신, '주신'이라고

불렸던 외과 의사 P씨의 강연을 들어 보라고 한 적 있지?"

이 대리는 평소 P씨의 칼럼과 책을 즐겨 보았지만 최 지점장의 권유에도 불구하고 그의 강연을 들은 적은 없었다.

"나는 성급하게 투자를 시작하려는 고객들에게는 P씨의 W 이야기를 들려주고는 해. 대부분의 사람들이 깊은 호감을 갖고 있는 분이라서 그런지 더 집중해서 듣더라고."

이 대리는 과연 W 이야기가 무엇일지 궁금해졌다.

"P씨가 대전에서 외과 의사로 일할 당시, 대한민국 최고의 연구소에서 주최하는 세미나에 초청을 받았대. 미국 텍사스 주립대학의 MBA를 다녀온 후 1년째 백수로 지내고 있는 친구와 함께 갔는데, 글쎄 연사라고 나온 사람의 복장이 찢어진 청바지에 야구모자였다네. 그보다 더 황당했던 것은 칠판에 크게 'WWW'라고 쓴 뒤, '앞으로 이 WWW 안에서 물건을 사고, 공부를 하고, 전쟁도 하는 시대가 올 것이다'라고 말했대. P씨는 '저게 웬 과대망상이야'라고 흘려들은 반면, 백수 친구는 연사의 말을 듣고 크게 감격을 받았다며 연사에게 다가올 WWW의 세상으로 뛰어들 수 있는 실마리를 던져 달라고 했고, 그 백수 친구는 몇 년 후 대한민국 최초의 상용 메일 서비스 사업에 크게 성공해서 약 600억에 회사를 매각했다고 해. P씨는 똑같은 장소에서 똑같은 이야기를 들었는데, 왜 백수에게는 인생을 걸고 뛰어들 기회로 보였고 나에게는 망상주의자의 헛소리로 들렸을까, 도대체 그 차이가 무엇일까 고민하기 시작했지. 이 대리는 그 차이가 뭐라고 생각하나?"

"사업가적 마인드요?"

"그것도 맞아. 하지만 더 중요한 게 있어."

"뭔데요?"

"내가 이미 말했던 건데……."

"음……, 죄송한데 잘 모르겠어요."

"통찰력과……"

"통찰력과……?"

"직관이야."

최 지점장은 이야기를 계속 이어 나갔다.

"그 뒤로 P씨는 혁신적으로 발전해 나가는 세상이 제공하는 기회들 놓치지 않기 위해서는 통찰력과 직관이 필요하다고 생각했고, 주변을 면밀히 살폈지. 1997년 우연한 기회에 휴대전화를 갖게 되었는데 '아, 이거다!' 싶었대. 대부분의 사람들이 무겁고 비싸기만 한 휴대전화가 금방 사라질 거라고 예측했지만 P씨의 눈에는 모든 사람들이 휴대전화를 한 개씩 갖고 다니는 미래의 모습이 펼쳐진 거지. 그렇다고 휴대전화 사업을 시작할 수는 없으니, 대신 관련 기업에 투자하기로 마음먹고 한국이동통신(현 SKT)의 주식을 장외시장에서 2만 원에 사서 1999년 600만 원에 되파는 대박을 터뜨렸어. 이 대리는 P씨의 이야기를 들어 보니까 무엇이 느껴지나?"

"부럽다고 느껴져요."

"에휴, 이 대리 지금 지점장 앞에서 장난치는 겐가?"

"아, 아닙니다. 정말 진심으로 부럽다고 느껴져서요."

"하하! 내가 장난친 거야. 맞아, 나도 부러웠어. 하지만 부러운 걸로 끝내서는 안 되겠지?"

이 대리는 최 지점장의 이야기를 듣고 가슴 깊은 곳에서 무언가 꿈틀거리는 것을 느꼈다.

"P씨가 성공을 거둔 분야는 무엇일까?"

"주식 아닌가요?"

"아니야. P씨가 성공을 거둔 분야는 바로 '이동통신 시장'이야."

"네?"

"주식 투자는 단지 이동통신 시장에 투자하기 위한 도구에 불과했어. P씨의 통찰력이 맞닿은 곳은 이동통신 시장이라는 마켓이었지. 이것이 우리가 시장의 거대한 '패러다임 시프트'를 주도면밀하게 살펴야 하는 이유야. 주식, 파생상품, 부동산 투자, 펀드, 보험, 예금 같은 금융상품은 그 변화의 흐름에 투자하기 위한 도구에 불과해. 발빠른 금융기업들이 투자가들의 움직임을 포착하고, 손쉽게 투자할 수 있는 도구들을 만들어내서 수수료를 먹는 구조지.

그런데 많은 고객들이 패러다임 시프트가 주는 기회를 찾고자 노력하는 것이 아니라 도구에만 집착하는 모습을 보여. '주'와 '부'가 뒤바뀐 거지. 나 또한 그랬고. 그런데 몇 차례의 금융 위기를 겪으면서 내가 무엇을 놓치고 있었는지 깨닫게 됐어. 그리고 경제경영 서적 읽기에 몰입했어. 그동안 내가 알고 있던 정보와 지식들은 모두 제로 베이스로 만들어버렸지. 경영학과 입학 당시부터 경제 공부를 시작한 지 이미 10년차였지만 처음부터 다시 시작한 거야.

그리고 기회를 포착하기 전까지, 내 고객들의 자산을 안전하면서도 지루하지 않게 굴려야 할 방법이 필요했어. 그때부터 내 돈뿐만 아니라 고객들의 자산을 예금풍차를 통해서 굴려 나갔어. 그전에는 빨리 수익을 내 달라고 아우성을 치던 고객들이 예금풍차를 시작하고 너무 즐거워하더라고. 매달 이자를 수령하는 기쁨에 푹 빠져버린 거지. '기회'를 발굴하기까지 충분히 시간적 여유를 가질 수 있는 것도 바로 이 예금풍차의 수많은 장점 덕분이니까."

절약과 저축, 투자라는 예금풍차의 3단계를 모두 성공적으로 일구어낸 최 지점장의 스토리에는 힘이 있었다. 진정성이 담긴 목소리에는 늘 호소력이 따르기 마련이다.

"나는 지금도 예금풍차가 투자를 위한 종잣돈 마련에 가장 효율적인 방법이라고 믿어. 'Seize the day(오늘을 즐겨라)!'라고 지금 하고 싶은 일에만 집중하면서 살던 나도 예금풍차를 통해 더 풍요롭고 행복한 미래를 준비하는 발전된 삶의 태도를 갖게 됐으니까."

'더 풍요롭고 행복한 미래를 준비하는 발전된 삶의 태도'라는 말이 이 대리의 마음을 툭 하고 건드렸다. '고만고만한 월급으로 하루를 메꾸듯이 사느니 적당히 즐기면서 살겠다'라는 태도로 일관했던 입사 초기의 모습과는 180도 다른 삶을 살게 된 이 대리였다.

이제 '100권의 경제경영 서적 돌파 후 10년에 두 번 오는 태풍 수익 얻기'라는 예금풍차의 3단계에 당당히 도전장을 내밀 시간이 다가오고 있었다.

구조는 전략을 따른다!

이 대리와 최 지점장은 여의도 한강 둔치를 따라 걸었다. 늦은 저녁 웃옷을 걷어 제낀 채 땀을 뻘뻘 흘리며 농구 코트를 누비는 남학생들을 보니, 무리에 섞여 함께 뛰고 싶어졌다. 강가를 따라 난 아스팔트 길을 걷다 보니 모래사장이 나왔다. 뒤뚱거리며 모래 위를 걷던 뚱뚱한 비둘기 한 무리가 파닥파닥 간신히 날아올랐다.

"저렇게 통통한 비둘기가 어떻게 두 개밖에 안 되는 가녀린 다리로 몸을 지탱하는지 참 신기해요."

최 지점장은 이 대리를 보며 빙그레 미소 지었다.

"비둘기에게는 다리가 두 개인 것이 가장 편리한 구조일걸세. 그렇게 진화한 거지."

"다윈의 진화론 말씀하시는 거죠?"

"응. 새들은 걷는 시간보다 나는 시간이 더 많을 테니까. 내가 재밌는 얘기 하나 해 줄까? 옛날 아주 먼 옛날에 어떤 정글에 원숭이 왕이 살았다네. 그런데 그 원숭이 왕은 사슴에게도 새에게도 자신처럼 두 발로 걸어 다니라고 명했어. 동물들은 모두 두 발로 걷느라 불편했지만 왕의 명령이었기에 지킬 수밖에 없었지. 그런데 어느 날 새 한 마리가 '나는 새야. 나는 날아다닐 테야!' 하면서 하늘 위로 날아가버렸어. 사슴도 네 발로 껑충껑충 뛰어서 도망쳐버렸고. 원숭이 왕은 동물들을 잡으려고 했지만 잡을 수 없었어. 그 동화의 마지막 문장이 무엇일 것 같나?"

"글쎄요."

"'이제 아무도 원숭이 왕의 말을 듣지 않았어요'라네. 동물들은 각자의 상황을 배려하지 않은 독단적인 원숭이 왕을 더 이상 따르지 않은 거지. 동물뿐만 아니라 사람도 마찬가지네. 각자 자기에게 맞는 최선이라는 것이 따로 존재해. 무조건 남을 따라하면서 유행을 쫓아서는 결코 성공할 수 없어. 재테크를 바라보는 관점도 크게 다르지는 않을 거야."

이 대리는 최 지점장이 무엇을 말하려고 하는지 느낌이 왔다. 분명히 금융상품에도 유행은 존재하고 있었다. 그러나 자기에게 맞는 상품과 최적화된 투자 기법을 발굴해낸 사람만이 최후의 미소를 짓는다. 재테크에도 분명 자신만의 전략이 필요했다. 최 지점장은 계속 말을 이어 나갔다.

"전략의 대가 챈들러는 이렇게 말했어. 'Structure follows Strategy, 구조는 전략을 따른다……. 당연한 말이지만, 어떻게 보면 대단한 발견이네. 대부분의 사람들은 눈에 보이지 않는 전략보다는 당장 눈에 보이는 구조에만 집중하니까. 그러나 결국 그 구조를 구성하고 이끌어 나가는 건 전략이야. 체계적이고 비전 있는 전략이 없다면 튼튼하고 훌륭한 구조도 잘못된 방향으로 나아갈 수밖에 없지. 재테크도 마찬가지라네. 20대에게, 30대에게, 40대에게, 싱글에게, 은퇴자에게 적합한 재테크 전략이 다 다르겠지? 자신의 현 상황에 맞는 재테크 전략을 먼저 수립하고 그에 맞는 금융상품으로 구조를 세워 나갈 때에 실수나 후회 없이 재테크에 성공할 수 있지 않을까?"

최 지점장의 말을 들으며 이 대리는 자신도, 또 고객에게 재무상담을 할 때도 전략이 아닌 구조에만 몰두하고 있지는 않았나 생각했다. 이제부터라도 구조가 아닌 전략을 중요시하겠다는 강한 의지가 이 대리의 마음을 두드렸다.

"저에게 맞는 재테크 전략을 어떻게 찾을 수 있을까요? 100권의 경제경영 서적을 다 읽으면 말씀하시는 통찰력과 직관을 가질 수 있을까요? 절약하고 저축하는 것만으로 예금풍차를 완수할 수 없다는 것을 잘 알아요. 3단계 투자를 성공적으로 해내기 위해서 이제 제가 해야 할 일은 무엇일까요? 빌 게이츠의 생각 주간처럼 쉬어 가는 시간을 정기적으로 가져야 한다고 하셨죠? 현실에서 한

발짝 떨어져서 머리를 쉬고 싶지만……. 그런데 직장인으로서 현실적으로 불가능한 일이기도 해요. 지금 당장 제가 해야 하는 일은 무엇일까요?"

"이 대리는 지금 몇 년째 예금풍차를 하고 있지?"

"2년차예요."

"이 대리는 2단계 때부터 경제경영 서적을 미리 읽었다고 했지?"

"네."

"왜 그렇게 열심히 하나?"

"……행복해지고 싶습니다!"

성인 남자 두 명이 늦은 밤에 나누는 대화에 '행복'이란 단어가 들어간 것이 어색했던지 이 대리는 말해 놓고도 머쓱해했다.

"하하. 이 대리는 열정이 있어서 좋아."

"저요?"

"응. '피고름' 김 지점장님도 이 대리는 꼭 성공할 사람이라고 했어."

"아직 이루어 놓은 것도 없는데요?"

"누가 이미 성공했다고 했나? 성공할 사람이라고 했지."

최 지점장은 애정이 듬뿍 담긴 눈길로 이 대리를 장난스럽게 쳐다보았다.

"이 대리, 앞으로 회사 생활도 더 바빠질 텐데, 내가 하라는 것 하나도 빼놓지 않고 다 해낼 수 있겠나?"

이 대리는 그것이 무엇이냐고 묻지도 않았다. 고개를 끄덕이는 이 대리의 눈빛에는 간절함이 묻어났다. 털털하기만 했던 이 대리가 '인터넷 가계부 작성'과 '예산 설정'으로 인생의 우선순위를 재설계했고, 예금풍차를 통해 태풍 수익을 위한 종잣돈도 마련했다. 경제경영 서적을 읽으면서 사고의 폭이 확장하는 놀라운 경험도 했다. 회사 생활도 승승장구하면서 전 직원 앞에서 발표도 했다. 단 2년 만에 겪게 된 놀라운 삶의 변화였다. 2년 전에는 감히 상상도 할 수 없는 일들이었다. 이 대리는 자기의 내부에서 무언가 강한 힘이 자라나는 것을 느꼈다.

종잣돈을 마련한다는 것은 단지 예금풍차의 결과물에 불과했다. 예금풍차는 행복에 대한 강한 열망과 삶의 열정을 놓치지 않게 하는 튼튼한 동아줄과도 같았다.

"네! 그 어떤 일도 다 해낼 수 있습니다."

최 지점장은 흐뭇한 미소로 이 대리를 바라보았다.

"그래. 알겠네. 이제 1년 365개의 경제신문을 분석하는 토론 스터디를 조직해 리드해 보게나."

"경제신문이요?"

"응. 스터디 구성원들의 목표가 지나치게 다양하면 토론 내용이 분산될 수 있으니, 재테크 카페 같은 곳에서 멤버를 모집하게. 이왕이면 재테크에 이미 성공했거나 충분히 성공할 자질이 있는 구성원을 구하는 게 낫네. 재테크 카페 같은 곳에는 20대에서 60대까지 다양한 연령대의 멤버들이 있으니 특정 연령대에 구애받지 말고. 할 수만 있다면 예금풍차를 함께 진행할 수 있는 멤버들을 구하게."

"스터디 그룹은 대학생이나 구직자들처럼 시간 여유가 많은 사람들이 만드는 것 아닌가요? 다들 먹고살기 바쁠 텐데 학생도 아니고 스터디 그룹에 참여할까요?"

"그건 이 대리의 생각이지. 자수성가한 부자들이 돈보다 더 중요시 여기는 게 바로 정보네. 도대체 누가 들을까 싶은 고가의 유명한 재테크 세미나에 한번 가 보게나. 앉을 자리가 없을 정도로 붐비는 것에 놀랄 거야. 왜냐하면 한 톨의 정보가 세상을 뒤바꿀 만한 무한한 생명력을 품고 있다는 걸 사람들은 잘 알거든."

그러나 잘 알면서도 막상 실천하지 못하는 것들이 우리 주변에는 너무 많았다. 운동이 좋다는 것을 알면서도 꾸준히 운동하지 못하고, 영어 공부를 해야지, 해야지 하면서도 수년째 미뤄 오는 일이 일상다반사 아니었던가. 하지만 이렇게 허무하게 중도 포기할 수는 없었다. 2년 동안 몇 번이나 예금풍차를 포기하고 싶은 유혹도 뿌리쳐낸 이 대리였다.

"네. 최 지점장님 말씀대로 경제신문 토론 스터디 그룹을 조직할게요. 그런데 한 가지 의아한 섬이 있어요."

"무엇이 말인가?"

"예전에 최 지점장님께서 그러셨거든요. '이미 뉴스에 나온 정보는 한발 늦은 것이다'라고요. 그런데 경제신문을 읽는 스터디를 조직하라고 하시니까요."

"역시 이 대리야! 예리하구먼. 하하하. 이 대리에게 예금풍차를 전수하는 보람이 있어. 방금 핵심을 짚었거든."

"핵심이요?"

"응. 바로 그 한발 늦은 정보를 솎아내고자 경제신문을 읽는 거니까. 결국 해답은 같은 곳에 숨어 있기 마련이네. 사자성어로는 등하불명(燈下不明), 외국 속담으로는 'One has to go abroad to get news of home'이네."

이 대리는 결국 같은 곳에 숨어 있다는 해답이 무엇을 말하는 것인지 점점 궁금해져만 갔다.

1년 365개의
경제신문 뽀개기

　　이 대리는 평소 활동하는 재테크 카페에 들러 경제신문 토론 스터디 그룹이 존재하는지 살펴보았다. 경제서적 토론 스터디는 몇 개 존재했지만, 경제신문을 읽고 분석하는 스터디 그룹을 재테크 카페에서 찾기란 쉽지 않았다. 어떻게 보면 마땅히 그럴만했다. 낮에는 직장 생활과 사업에 치이고 저녁에는 각종 회식과 육아, 가사에 치이는 바쁜 현대인들이 한가로이 만나서 신문 기사를 분석하기란 녹록치 않았다. 더군다나 경제 기사는 종이 신문과 인터넷, 스마트폰으로도 쉽게 접할 수 있는 흔한 정보에 불과했다. 이 대리에게는 스디디 모집 글을 올리는 것 자체가 큰 모험이었다.

　　그런데 이 대리는 오랜만에 들른 재테크 카페의 인기 글들을 찬찬히 돌아보며 신세계를 발굴한 느낌을 받았다. 처음 예금풍차를 시작할 때만 해도 종잣돈을 만드는 것만으로 만족했다. 그러나 이제는 달랐다. 예금풍차의 3단계를 지혜롭게 통과하고 나면 직장 생활과는 별도로 평생 이 대리의 노후 보장 '캐시카우'가 되어 줄 안정된 수입원이 반드시 필요하다는 의욕이 꿈틀거렸다.

+

이 대리는 결국 스터디 모집 공고글을 올리지도 못하고 애꿎은 마우스의 스크롤만 올렸다 내렸다를 반복했다. 얼굴도 모르는 사람들을 모집하여 무언가를 진행한다는 것 자체가 이 대리에게는 큰 도전이었다.

밤늦게까지 재테크 카페를 서핑하느라고 이 대리의 눈에는 옅은 다크서클이 드리워졌다. 번호 대기벨이 울렸다. 지점 근처의 빌딩 두 개를 소유하고 있는 박건물 사장이 예의 무뚝뚝한 표정으로 뚜벅뚜벅 걸어왔다.

자리에서 일어나 박 사장을 맞이하던 이 대리의 레이더망에 박 사장의 오른손이 포착되자 이 대리의 얼굴에는 미소가 번졌다. 항상 경제신문을 한 손에 들고 다니는 것으로 유명한 박 사장이었다. 더군다나 최 지점장과 몇 년째 긴밀한 관계를 유지하는 은행 특급 VIP였고 지난번 공장에서 금융상품 PPM에 관한 이야기를 나누기도 했었다. 수십 년째 경제 공부를 해 온 박 사장에게는 경제신문 토론 스터디 그룹 운영에 관한 힌트가 숨어 있을지 몰랐다.

은행 VIP 고객 중에서도 상위 10퍼센트 안에 드는 박 사장은 항상 표정에 괴로움이 담겨 있었다. 타고난 성격으로 보기에는 묻어나는 슬픔의 무게가 적지 않아서 최 지점장은 인사라도 한마디 더 건네다가 친해졌다고 했다. 8년 전, 은행 업무가 끝나고 지점 근처 파전집에서 혼자 막걸리 한 사발을 하던 박 사장을 발견하고 동석하게 된 것이 만남의 결정적 계기였다.

"최 팀장은 살면서 가장 힘들었을 때가 언제요?"

"글쎄요. 뭐 힘들다고 생각하면 매 순간이 힘들고, 기쁘다고 생각하면 매 순간이 기쁘지 않을까요?"

"죽을 만큼 절망해 본 적은 없었소?"

진지한 박 사장의 물음에 최 지점장은 어떤 대답을 해야 할지 망설여졌다. 힘든 적은 있어도, 죽을 만큼 힘든 적은 없었던 것 같다.

"난 말이오. 불효자라오. 아버지께서 물려준 유산을 사업하느라 다 탕진하고, 당시 돈으로 25억 원의 빚이 남은 모습만 보신 채 아버지가 돌아가셨소. 3년 뒤 법정에서 채무 25억 원은 탕감되었지만 이미 너무 큰 불효를 저지른 뒤였지. 어머니 뵐 면목도, 그렇다고 목숨을 끊고 하늘나라로 가서 아버지를 뵐 용기도 없었어. 하지만 그때 포기하지 않고 죽을 각오로 열심히 살기 시작했던 게 지금은 감사하기만 해."

박 사장은 경제경영 공부를 시작하면서 재기의 발판을 마련했다고 했다. 귀가 얇았던 청년 시절, 소문이나 감에 따라 사업을 벌였던 것이 처절한 실패의 원인임을 깨달은 후, 분석력을 바탕으로 한 직관을 키우는 데 공을 들였다. 박 사장이 최 지점장의 관리 아래 예금풍차로 자산을 관리하는 대표적인 고객 중 한 명임을 이 대리는 잘 알고 있었다. 짧은 시간 동안 이 대리의 머릿속에 그에 관한 많은 기억이 스쳐 지나갔다.

"이 대리, 내 얼굴에 뭐 묻었소?"

박 사장은 이 대리의 얼굴을 향해 휘이휘이 손을 저으며 물었다. 이 대리는 박 사장이야말로 경제신문 토론 스터디 그룹이 과연 꼭 진짜 필요한 것인지, 필요하다면 어떻게 운영해야 하는지, 그 답을 제일 잘 알고 있을 사람이라는 생각이 들었다. 박 사장은 예금풍차와 경제신문 읽기 등 모든 면에서 이 대리보다 몇 년씩 앞서 나간 선배였다. 최 지점장과 깊은 유대감을 갖고 있다는 것도 공통점이었다. 이 대리는 수많은 고객 중 한 명이라고 생각했을 뿐이던 박 사장이 더욱 친근하게 느껴지기 시작했다.

"이 대리, 오늘 왜 이렇게 넋이 나가 있어요?"

"박 사장님."

"말해 봐요, 이 대리."

"사장님께서는 경제신문 많이 읽으시죠?"

"뭐, 남들 읽는 만큼 읽지요. 첫 장 날짜부터 시작해서 맨 마지막 장 광고까지. 한 글자도 빼지 않고 매일매일."

"네……."
"하하. 그런데 경제신문이 왜요?"
"여의도서지점으로 승격되어서 발령 나신 최 지점장님께서요."
"마침 우리 최 지점장 보러 가야 되는데 영 시간이 안 나네."
"경제신문 토론 스터디를 조직해서 리드해 보라고 하셨거든요."
"그래요?"
"네."
"그거 괜찮군요."
"괜찮다고요?"
"네."
"만약 박 사장님이라면 그런 스터디에 참여하시겠어요?"
"당연히."
"정말요?"
"그럼요. 더군다나 나는 이미 활동하는 스터디가 여러 개 있어요."
"네?"
"놀라기는. 경제신문 토론 스터디는 아니고, 경매에 관해서 함께 공부하고 입찰 실전해 보는 스터디랑 요즘 다니는 경영대학원 최고경영자과정 학생들끼리 '리너를 위한 경영서 토론 스터디'도 참여하고 있지요. 그런데 경제신문 토론 스터디를 만들 생각은 차마 못해 봤어요."

"박 사장님 많이 바쁘실 텐데 언제 그런 거 다 참여하세요?"

"원래 한번 게을러지면 시간이 더 없고, 바쁘게 살수록 시간이 더 많아지는 법이에요."

박 사장의 이야기를 듣고 나서야 이 대리는 박 사장이 항상 폭넓은 경제 지식과 정보를 갖고 있는 이유를 깨달았다. 그는 이미 충분한 부를 축적한 후에도 노력을 멈추지 않는 예금풍차의 진짜 대선배였다.

"그럼 박 사장님께서 경제신문 토론 스터디를 만드시면, 제가 거기에 들어가서 경제 기사에 관해 배우는 그런 스터디를 만들어 보면 어떨까요?"

"어이쿠, 그건 사양하겠소."

이 대리는 '경제신문 토론 스터디는 괜찮은 아이디어다, 나라면 참여해 보겠다'라고 이야기했던 박 사장이 갑자기 의견을 달리하는 것에 놀라 눈을 동그랗게 떴다. 박 사장은 이 대리가 왜 놀라는지 연유를 다 안다는 듯 인자한 미소를 띠며 말했다.

"내가 다양한 스터디에 참여하는 이유가 무엇이라고 생각하시오?"

"지식과 정보를 얻기 위해서 아닌가요?"

"지식과 정보는 이미 멀티미디어를 통해 너무나 쉽게 구할 수 있는 것들인데, 왜 굳이 바쁜 시간을 쪼개서 사람들을 만나겠소?"

이 대리는 머릿속이 혼란스러웠다. 최 지점장이 경제신문 투론 스터디를 이끌어 보라는 이야기를 했을 때는 '경제신문'이라는 단어에만 집중을 했다. 경제신문이 주는 장점에 관해서만 생각했지, 여러 사람들과 '함께' 하는 스터디라는 데는 큰 의미를 두지 않았다. 그때서야 '한발 늦은 정보를 솎아내기 위한 경제신문 읽기'라는 최 지점장의 말이 번뜩 하고 뇌리를 스쳤다.

"나는 경제 기사를 읽을 때마다 이 기사를 보고 다른 사람들은 어떻게 생각할까 하는 의문이 들어요. 분명 이 기사에 대해 직접적인 정보를 갖고 있는 사람이 있을 텐데. 아니, 간접적으로라도 적어도 나보다는 더 잘 알고 있는 사람이 있을 텐데. 그리고 요즘 젊은 사람들이 좀 똑똑한가요? 그들은 어떤 생각을 가지고 있을까, 내가 요즘 젊은이들의 명석함을 빌릴 수 있다면 나는 그들에게 내가 가진 경험을 통한 연륜을 빌려 줄 수 있을 텐데. 항상 아쉬움이 남고는 했지요. 결국 경제를 만드는 건 사람이고, 수요와 공급에 따라 움직일 수밖에 없어요. 경제신문 기사를 '함께' 협동하여 읽는다는 것은 기사가 아닌 '시장'의 움직임을 함께 분석하는 든든한 동료들을 얻는 거지. 이 대리 생각은 어때요?"

"네. 어떤 말씀인지 이제야 알겠습니다."

이 대리는 마음 깊숙한 곳에서부터 샘솟는 무언가를 느낄 수 있었다. '나보다 무거운 것을 들어 올리기 위해서는 나의 모든 힘을 한 점에 모아야 한다'라는 한 역도 선수의 뜨거운 집중력이 이 대리에게 전파된 것 같았다.

세팅 당번이었던 이 대리는 모두가 퇴근한 후 지점에 혼자 남았다. 최 지점장이 이야기했던 내용을 되뇌어 보았다. 재테크에 성공했거나 성공할 수 있는 자질이 있는 멤버로 구성할 것, 남녀노소를 가리지 말 것, 예금풍차를 함께 진행할 것. 세 가지의 내용을 정리하고 재테크 카페 두 곳에 로그인했다. 수만 명의 회원들이 열심히 활동하는 곳이었다.

'한 명한테라도 이메일이 올까?'

이 대리는 녹차 한 잔을 타서 자리로 돌아왔다. 대학교 재학 당시 이미 구성된 영어 스터디 그룹에 참여해 본 적은 있어도 직접 모집 공고를 내고 스터디를 운영해 본 적은 없었다. 이 대리는 녹차 한 모금을 마실 때마다 탁탁, 자판기로 한 줄씩 글을 쓰기 시작했다.

스터디 모집 글을 올리고 잠깐 화장실에 다녀오자마자 조회수가 26이나 올라갔다. 아직 댓글이나 이메일도 없지만 '최소한 한 명에게는 연락이 오겠지'라는 기대가 들었다.

이 대리는 매일 지점으로 배달되는 경제신문을 펼쳐 들었다. 스터디를 리드하게 된다면 최근 며칠 동안의 경제신문이라도 미리 봐 둬야 할 것 같았다. 야근할 때 자장면 받침으로만 사용했던 경제신문을 읽으려니 생소한 기분이 들었다. 아장아장 첫걸음마를 떼는 아이로 되돌아간 것마냥 설레기도 했다.

경제신문 토론 스터디 모집합니다

1. 주 1회 모임에 특별한 사유가 없는 한, 꾸준히 최소 1년 동안 참여할 수 있으신 분.
2. 종로·신촌·강남 주변 카페에서 참여 가능하신 분.
3. 현재 예금풍차로 재테크 중이신 분(혹은 추후 예금풍차로 재테크를 할 계획이 있으신 분. 예금풍차에 관한 자세한 내용은 아래 첨부함).
4. 경제신문을 읽고 내용을 이해하고, 기사 관련 자기 의견을 분명하게 나타낼 수 있는 분(매주 두 개의 기사로 진행할 예정이며, 기사는 스터디 전에 정하여 카페에 공지할 계획입니다).

- 우선 글을 쓴 제가 리드할 생각이고, 차후 리더를 원하시거나 모임을 잘 이끄는 분이 계시면 위임 후 돌아가면서 할 생각입니다.
- 경제 기사는 B경제신문이나 N경제신문으로 생각하고 있습니다(스터디 내 소모임을 구성하여 《코리아헤럴드》나 《코리아타임스》의 경제면 기사로 진행하여 영어 공부도 함께 병행하는 것도 생각하고 있습니다. 원하는 멤버가 있을 경우 《뉴욕타임스》나 《워싱턴포스트》의 경제면도 함께 분석할 계획입니다).
- 멤버들의 동의 하에 경제 기사 및 토론 내용을 선정하려 합니다.
- 성별·나이 따지지 않습니다.

≫ 관심 있으신 분은 아래의 내용을 적어 이메일을 보내 주시기 바랍니다.

닉네임·성함·연락처·성별·나이·직업·예금풍차 진행 여부
스터디 참여가 편한 장소: 종로, 신촌, 강남 중에서 선택
스터디 참여가 편한 날짜 선택: 주중, 주말 중에서 선택

한꺼번에
많은 동료를 얻다

발제를 맡은 이 대리는 스터디 멤버들에게 나누어 줄 유인물을 챙겼다. 세계적인 X기업 회장의 'CEO들의 차별화 전략은 잘하는 것을 더욱 잘하는 것'이란 기사와 부동산 전문가의 '수익형 부동산의 함정 다섯 가지'에 관한 것이었다.

'세상 참 좋아졌어.'

이 대리는 노트북을 열어 폴더의 사진들을 쭉 살펴보았다. 스터디에 참여하기 전 멤버들에게 이야기해 줄 만한 좋은 내용이 없나 꼭 하는 점검이었다. 몇 년 전까지만 하더라도 기억해 둘 만한 내용의 기사나 책 구절을 스크랩하려면 복사해서 파일북에 채워 넣느라 번거로웠지만, 이제는 스마트폰으로 사진을 찍어 둔 뒤 컴퓨터로 전송시키기만 하면 끝이었다.

'경제신문 토론 스터디' 모집 글을 올리고 약 스무 통이 넘는 이메일을 받았다. 예금풍차를 이미 하고 있거나 꼭 예금풍차를 하고 싶다는 지원자들이 너무 많아 당황스럽기까지 했다. 아직 예금풍차 2년차인 이 대리는 폭넓은 시각으로 토론이 진행될 수 있도록 연령대, 직업, 예금풍차 연차 등을 다양하게 하여 멤버를 구성했다. 모두 따뜻하고 성실한 사람들이었다. 같은 목표를 가진 좋은 사람들과의 정기적인 만남은 이 대리의 일상에 활력을 불어넣었다.

정기예금 불입액도 10만 원 늘렸다. 연말 특별 성과급, 연차 보상금, 자기 계발비는 1원도 건드리지 않고 예금풍차 정기예금에 몰아넣었다. 경제경영 서적도 70권 정도 읽었다. 경제신문과 병행하여 읽기 시작하니 속도가 예전보다 많이 느려졌지만 하루에 한 쪽이라도 놓치지 않고자 노력했다. 신문만 읽다 보면 단편적인 현상만 보기 쉬운데, 책은 이런 문제점을 보완해 주었다. 경제신문이 이 대리의 정보의 폭을 늘려 주었다면, 책은 정보를 깊이 있게 분석하는 사고의 폭을 확장시켜 주었다.

책에서 인상 깊은 내용은 꼭 스터디 모임에서 이야기했다. 구성원들 모두가 하나씩만 이야기를 꺼내도 소재가 여덟 개가 되어 모임 시간이 부족했다.

스터디 정기 모임은 매주 토요일 오후 1시에 열렸다.

항상 제일 먼저 도착하는 사람은 예금풍차 7년 만에 내 집 마련의 꿈을 달성한 공중파 방송사 예능 프로그램 방송작가 박재미였다. 방송작가는 모두 여성일 것이라는 편견을 뒤엎고 남자가 나타나서 이 대리는 살짝 놀랐다. 그는 불규칙한 수입 때문에 수입이 적은 달은 절약하다가 수입이 많은 달은 여유롭게 팍팍 낭비해버리는 습관을 예금풍차로 잡았다고 했다. 예금풍차를 몰랐다면 당연히 집을 마련하지 못했을 것이라고 말하는 그는 예금풍차의 골수팬이었다.

가장 연장자는 A사 이사로 근무 중인 곽상장이다. 최고의 재테크는 '몸값 올리기'라며 이사 위치까지 올라갔지만, 어느 날 자신이 근무하는 기업 업계의 동향도 제대로 파악하지 못하는 스스로를 발견했다고 한다. 경제 기사를 읽으며 경쟁 기업들의 동향을 공부하기 시작했고 억대 연봉을 어떻게 관리해야 하나 하는 고심따위는 예금풍차를 시작하며 사라졌다고 한다. 그는 예금풍차야말로 리스크 없이 현금을 관리하는 가장 현명한 방법이라고 확신했다.

1시가 되기도 전에 일곱 명이 모두 도착했다. 이 대리까지 포함해서 모두 여덟 명이었다.

지난주에 수익형 원룸 한 채가 있는 구미에 다녀오느라고 스터디에 참여하지 못했던 홍따박은 멤버들이 좋아할 만한 간식으로 에그타르트를 가지고 왔다. 2억 원의 종잣돈으로 경기도 택지 지구에 수익형 원룸을 짓고 따박따박 월세를 받는 40대 홍따박은 예금풍차로 수입을 관리하여 기존 부채를 완제하고 원룸 건물을 한 채 더 올렸다. 그런데 구미에 신규한 건물이 공실률이 높아서 고민이

많다고 해서 이 대리는 '수익형 부동산의 함정 다섯 가지'라는 기사를 선정해 온 것이다.

　멤버들이 모두 모인 스터디룸에는 훈훈한 분위기가 돌았다. 얼굴에는 옅은 미소를 띠고 있었다. 서로 알고 지낸 지 한 달밖에 안 되었지만 몇 년 동안 알고 지낸 것처럼 친근했다. 아파트 이웃끼리도 인사 한번 건네기 힘든 세상에 이들은 서로가 서로에게 특별한 인연이었다.

　두 개의 기사로 열띤 토론을 하다 보니 한 시간이 훌쩍 지나갔다. 이 대리는 모두 예금풍차를 어떻게 진행하고 있는지 궁금했다.

　"박재미 씨는 '펀드풍차'를 하고 있다고 들었는데 리스크가 크지 않나요?"

　"펀드는 원금 보장이 안 되는 상품이니 당연히 리스크가 크겠죠."

　"그런데 왜 펀드로 풍차 돌리기를 할 생각을 하셨어요?"

　"무엇보다 예금풍차 7년차가 되니 변화가 필요했어요. 집도 사고 차도 사고 원하는 목표를 다 이뤘기 때문에 예금풍차를 통한 목적 자금도 필요가 없고······. 맞아요. 제가 '펀드풍차'를 할 수 있는 건 목적 자금이 아닌 여유 자금이라서 가능한 것 같아요."

　"아, 그럼 방식은 예금풍차랑 똑같은가요?"

　"예금풍차가 아닌 적금풍차와 기본 개념이 똑같아요. 방식은 조금 다르고요. 1월에 10만 원짜리 적립식 펀드에 가입하고 매월

10만 원씩 자동이체를 설정하고, 2월에 또 10만 원짜리 적립식 펀드를 가입하고 매월 10만 원씩 자동이체를 설정하고……. 그렇게 1년 열두 개의 적립식 펀드를 3~4년 정도 운용할 계획이에요. 매월 120만 원씩 한 개의 적립식펀드에 몰아넣는 것보다 자금 운용 면에서 훨씬 유연하니까요."

멤버들은 예금풍차를 통해 이미 목표를 다 이루고, 여유롭게 펀드로 풍차 돌리기를 시작한 박재미를 부러운 눈길로 바라보았다.

"곽상장 씨는 예금풍차 어떻게 하고 계세요?"

"저는 보름에 한 개씩 예금을 개설해서 1년에 스물네 개의 예금으로 풍차를 돌려요."

"번거롭지 않으세요?"

"우리 회사는 업계 특성상 월급이 한 달에 두 번 나와요. 월정급여랑 변동성과급이랑 따로 나오는데 나머지 월급이 나오기를 기다리는 사이에 자꾸 돈을 쓰게 되더라고요. 그래서 이제는 월급이 나오자마자 바로 예금을 만들어버리죠. 나한테 가장 적합한 방식으로 예금풍차를 리모델링하는 것. 그것이 가장 현명한 방법이라고 확신해요."

멤버들은 '1년 스물네 개의 정기예금'이라는 말에 귀가 솔깃했다. 곽상장처럼 들쭉날쭉하게 급여를 받는 사람은 도전해 볼 만한 방법이란 생각이 들었다.

"경제경영 서적도 꾸준히 읽고 계세요?"

이 대리가 멤버들을 향해 물었다. 투박한 외모와 달리 빵 만들기가 취미인 만년 소녀 홍따박은 부드러운 말투로 대답했다.

"나 요즘 문학소녀 됐잖아요. 맨날 애들한테만 '책 읽어라' 하고는 나는 책 한 줄도 안 읽었거든요? 책의 필요성은 알았지만 책 읽기를 시작할 계기가 없었으니까요. 그런데 어려운 경제경영 서적을 읽기 시작하니까 글쎄, 다른 책들은 그냥 술술술 읽히는 거예요. 그래서 이제는 거실에도 책 한 보따리, 화장실에도 책 한 보따리, KTX 타고 구미 내려갈 때도 꼭 책 한 권씩 들고 다녀요."

정말이었다. 시작은 경제경영 서적 읽기였지만 모든 멤버들이 다양한 분야의 독서에 푹 빠져버렸다. 책 읽기는 멤버들에게 지식을 제공해 줄 뿐만 아니라 사고의 폭과 깊이를 다각도로 확장시켰다. 그 자신감이 쌓이고 쌓여 더 큰 일을 할 수 있다는 패기와 결단력도 함께 자라났다.

"예금풍차를 하면서 삶이 변화된 걸 느끼는 분 혹시 계세요?"

박재미가 담담하게 자신의 이야기를 시작했다.

"저는 인생 자체가 변했어요. 집 없던 가난한 작가에서 7년만에 근사하고 멋진 집이 생겼고, 맞벌이하느라 힘들다고 잔소리하며 짜증을 벅벅 냈던 아내는 이제 콧노래를 흥얼거려요. 미래에 대한 불안감으로 직업을 바꿀까 고민했던 아마추어 작가가 이제 편안한 마음으로 재테크를 하며 꿈에 몰입하는 프로 작가로 거듭났으니까요. 예금풍차가 아니라 'ye! 꿈! 풍차'라니까요! 하하하."

누가 프로 작가 아니랄까 봐 박재미의 재치 있는 발상에 다들 큰 소리로 웃었다. '우리는 예금만이 아닌 우리의 꿈도 함께 풍차 돌리고 있었구나.' 멤버들은 마음 한구석에서 무언가 뜨거운 불씨가 꿈틀거리는 것을 느꼈다.

그때까지 다른 이들의 이야기를 가만히 듣고만 있던 컴퓨터 프로그래머 고능숙이 입을 떼었다.

"경제신문 읽는 속도가 빨라지고 난 뒤에는 IT신문도 함께 읽어요. IT 업계에서 일하다 보니까, IT 업계의 지각변화를 보면서 역으로 경제의 흐름을 읽을 수가 있더라고요. 생업과 관련되다 보니 한 편의 기사를 읽더라도 자연적으로 집중력이 생길 수밖에 없죠. 재테크뿐만 아니라 일의 성공도 함께 꿈꾼다면 자신이 속한 업계 관련 신문을 읽는 것이 큰 도움이 되는 것 같아요."

멤버들은 예금풍차를 통해 충분한 종잣돈을 모은 후에도 경제경영 서적과 1년 365개의 신문을 뽀개는 것을 결코 소홀히하지 않을 것이라고 했다. 신문을 손에 놓지 않겠다는 것은 세상의 움직임과 끊임없이 소통하겠다는 의지의 발로이기도 했다.

"그런데요, 예금풍차가 정말 모든 사람에게 요긴할까요?"

"장기적으로 재테크는 절약·저축·투자라는 3단계가 모두 안정적인 선순환을 이룰 때에만 성공하게 되어 있어요. 한 가지라도 빠지면 '반짝' 성공에 머무를 수밖에 없으니까요. 예금풍차는 3단계의 기본에 가장 충실한 재테크 기법 중 하나죠. 재테크의 정도(正

道)를 걸으려는 사람들에게는 반드시 추천하고 싶습니다."

어느새 스터디 시간을 10분이나 넘기고 말았다. 이 대리는 노트북과 유인물을 정리하며 멤버들에게 말했다.

"제게 예금풍차를 처음으로 알려 줬던 친구가 자신의 인생은 예금풍차를 시작하기 전과 후로 나뉜다는 이야기를 했습니다. 저 또한 여러분에게 같은 이야기를 해야 할 것 같네요. 토요일 아침을 여러분과 함께할 수 있어서 너무 감사합니다. 그럼 다음 주에도 꼭 뵙겠습니다."

이 대리,
행복으로 물들다

요즘 이 대리의 24시간은 작은 성취들로 꽉 차 있었다. 평일에는 새로운 업무를 배우고 주말에는 스터디를 리드하며 틈틈이 경제신문과 경제경영 서적을 읽고 세미나를 청강하러 다니느라 하루에 서너 시간밖에 못 자는 날도 부지기수였다. 그러나 일상 속에 파묻혀서 피곤해하던 몇 년 전과 달리 이 대리는 매사를 긍정적으로 생각하고 받아들이며 근심걱정에서 쉽게 벗어났다. 대부계로 이동해 한달 후 과장으로 승진하면서 동기들의 축하를 한 몸에 받기도 했다.

"예금풍차 신드롬의 주역, 이 대리님이 아니라 이제 이 과장님이시네요! 축! 승진입니다."

이 대리와 장 대리의 공식 멘티인 나신입 계장의 메시지였다.

장 대리와 사내 커플이 된 나 계장은 적금풍차를 시작하면서 부쩍 행복하다고 했다. 하고 싶은 것, 갖고 싶은 것이 많았지만 차일피일 미루기만 했던 예전과는 달리 이제는 매월 예산 설정 시간을 통해 소비를 구체적으로 계획하게 됐다. 한 달에 한 번 돌아오는 예산 설정 시간은 행복을 계획하는 시간과도 같았다.

이상한 일이었다. 예금풍차는 재테크 기법의 하나일 뿐인데 이전보다 삶이 즐거워졌다는 사람이 하나둘 나타나기 시작했다. 그리고 그것은 예금풍차가 주는 가장 큰 선물이기도 했다.

"저는 예산을 설정하기 전에 먼저 적금부터 개설해요."

"아, 디폴트옵션?"

"네. 저축에도 디폴트옵션은 반드시 필요하니까요. 특히 저처럼 돈 쓸 일이 많은 사람일수록 선저축 후소비가 필수인 것 같아요. 행복해지려면 행복해질 수 있는 사고방식을 가져야 하는 것처럼, 부자가 되려면 부자가 될 수 있는 사고방식을 가져야겠죠."

"오오! 나 계장, 멋있어. 역시 장 대리가 여자 친구 하나는 잘 얻었단 말이야."

"에이, 쑥스러워요. 이게 다 이 대리님, 아니 이 과장님께서 가르쳐 주신 거잖아요. 감사합니다."

행복해지려면 행복해질 수 있는 사고방식을 가져야 하는 것처럼, 부자가 되려면 부자가 될 수 있는 사고방식을 가져야 한다……. 이 과장은 매주 토요일마다 만나는 세미나 멤버들이 떠올랐다. 그들은 모두 창조적으로 시간을 소비하는 사람들이었다. 자신의 직업을 통해 삶의 보람과 의미를 찾고, 거기서 창출되는 부를 재생산하기 위하여 또 끊임없이 창의성을 발휘했다.

대표적인 불로소득으로 오해받기 쉬운 임대업자 홍따박도 결코 불로(不勞)하지 않았다. 부동산 복비와 건물 수리비를 절약하기 위하여 근처 대형 부동산과 철물점 한 곳과 전략적 제휴를 맺었고, 끊임없이 경제 공부를 하며 새로운 투자처, 블루오션을 찾아다녔다.

이 과장은 매주 스터디가 끝나면 한 주 동안 읽은 책과 스터디 내용을 정리하여 블로그에 올렸다. 이제는 꽤 많은 이웃이 생겨서 이 과장이 글을 올리지 못하는 주에는 먼저 찾아와서 '많이 바쁘냐, 무슨 일이 있냐'고 묻고는 했다.

아내와 함께하는 시간은 점점 부족해졌지만 오히려 서로를 아끼는 애틋한 마음은 조금씩 커져만 갔다. '여자의 행복은 남자의 성실성에 있다'는 말처럼 아내는 매사 최선을 다하는 이 과장에게 사랑과 응원을 아끼지 않았다. 이 과장은 행복한 가정생활을 위해서는 현재의 자산 규모보다 안정된 가계경제 시스템이 더 중요하다는 것을 깨닫고 있었다.

이 과장은 그동안 블로그에 올린 글들을 거꾸로 잔잔히 되짚어 읽었다. 매주 스터디를 진행하고 경제 기사를 분석하며 얻은 지식들이 잘 정리되어 있었다. 논리적이고 유용한 글들이었지만 무언가 한 가지 빠진 듯한 느낌을 지울 수 없었다. 그것은 바로 스터디 현장에서만 느낄 수 있는 사람의 숨결, 바로 '열정'이었다.

생동감이 넘치는 스터디를 리드한다는 것은 멤버들의 재테크 경험과 깨달음을 내 것으로 만드는 과정이었다. 평균 연령을 약 35세로 잡았을 때 약 280년의 지혜의 숨결이 매주 내게로 다가와 나만의 꽃이 되고는 했다. 이 과장은 무수한 책과 경제 기사를 읽는 것만큼 많은 사람들을 만나 그들의 숨결을 직접 느껴 보는 것이 중요함을 피부로 느끼고 있었다.

책과 신문을 읽고 사람들을 만나기 시작하면서부터 갖고 싶다는 소유의 욕구 못지않게 '어떤 모습으로 살아갈 것인가' 하는 존재의 이유도 함께 중요해졌다. 행복하려면 돈이 필요하지만 돈이 있다고 반드시 행복한 것은 아니다. 내가 언제 행복한 사람인지 끊임없이 고뇌하고 나라는 사람을 먼저 우뚝 세운 뒤에 부차적으로 돈이 따라와야 할 것이다. 그런데 재테크를 하다 보면 어느 순간 존재가 아닌 소유에만 집착하고는 했다. 예금풍차를 끝내고 목돈을 마련하면 저절로 행복해질 것처럼 말이다. 많은 돈을 모으고 좋은 사람들을 만나고 좋은 책을 아무리 많이 읽는다 하더라도, 나의 존재 이유를 망각하면 모두 부질 없을 뿐이라는 생각이 들었다.

남의 좋은 점을 보는 것이 눈의 베풂이요, 환하게 미소 짓는 것이 얼굴의 베풂이요, 사랑스런 말소리가 입의 베풂이요, 자기를 낮추어 인사함이 몸의 베풂이다.

_깨달음의 이야기, 『워렌 버핏처럼 부자되고 반기문처럼 성공하라』 중에서

많이 베푸는 사람이 되고 싶었다. 더 많은 사람에게 더 많은 것을 베풀기 위해 더 많이 벌어야겠다는 생각이 들었다. 이 과장은 고개를 들어 시계를 보았다. 8시였다. 이 과장의 승진을 축하하러 멀리서 최 지점장이 오고 있었다.

"스터디를 리드해 보니 어떤가?"

"인내심을 가져야겠다는 생각을 했어요. 예금풍차 1, 2, 3단계에 성공한 사람들은 모두 인내심이 대단했어요. 작은 일에 부화뇌동하는 저 자신을 철저하게 반성하게 되더라고요."

최 지점장은 이 과장을 바라보며 흐뭇한 미소를 지었다.

"세상에 아무리 좋은 재테크 기법이 있어도 인내심 없이는 결코 좋은 결과를 얻을 수 없다는 것을 깨달았어요. 절약, 저축, 투자라는 3단계의 정도가 결국 성공의 가장 빠른 지름길이라는 것도요."

이 과장이 만난 예금풍차를 실천하는 사람들은 모두 정도를 걷겠다는 끈기를 가진 사람들이었다. 건강하게 부를 만들겠다는 그들의 건전한 정신력은 이 과장에게 많은 힘이 됐다.

그들은 항상 기회를 찾아다녔지만 그 기회란 한 번의 성공으로 부를 이루겠다는 한탕주의가 아니었다. 끈질긴 기다림과 치열한 공부, 정확한 분석력을 바탕으로 하는 것이었다. 현재 아무리

자산이 많아도 이러한 자세를 갖지 못한다면 그 돈은 언제 어떻게 공중분해될지 모르는 신기루에 불과했다.

세상에는 평범했지만 거대한 부를 이룬 수많은 부자가 있으며 그들은 다양한 방법을 통해 부를 축적해 왔다. 그들에게는 결코 벗어날 수 없는 한 가지 동일점이 있는데, 바로 절약·저축·투자라는 기본에 충실했다는 사실이다. 예금풍차의 3단계는 바로 이 절약·저축·투자를 바탕으로 하고 있었다. 지금 이 순간에도 이 과장의 꿈은 열두 개의 정기예금과 함께 힘차게, 힘차게 순환하고 있었다.

고수는
멈춰야 할 때를
놓치지 않는다

수많은 사람들이 재테크에 열을 올리지만, 소수의 사람만이 성공하는 까닭이 궁금한 이 과장에게 최 지점장은 말했다.

"금방 눈에 보이는 성과를 바라는 조급함 때문에 충분한 준비 없이 무리한 투자를 하기 때문이네. 처음 한두 번은 운이 좋아서 성공할지 모르지만 그러한 태도로는 장기적인 부를 축적하기 힘들지."

이 과장은 얼마 전 책에서 읽은 사자에 관한 이야기가 떠올랐다. '1퍼센트를 남겨 두고 주저앉은 당신에게'라는 소제목 안에는, 적당한 때를 관망하며 노력하는 당신을 누군가 성급하게 판단하고 평가절하하려 할 때면 '사자는 절대로 풀을 뜯지 않는다'라고 말하라고 적혀 있었다.

"스터디를 리드하는 것이 조급함을 없애는 데 도움이 되나요?"

"이 과장은 어땠나?"

처음 스터디 멤버들을 만났을 때 대부분의 멤버들이 이미 예금풍차를 몇 년째 진행한 고수였다. 열두 개의 정기예금을 통해 종잣돈을 모으고, 저평가된 주식이나 경매 물건 등을 발견하고 많은 차익을 남긴 경험담을 들으면 마냥 부럽기만 했다. 그러나 예전처럼 기회가 달아날까 무작정 쫓아야겠다는 생각이 들지는 않았다.

"스터디 멤버들을 만난다는 건 학교에서 전공 서적을 가지고 공부하던 것과는 또 다른 차원의 공부를 시작하는 것 같아요. 가까이에서 직접 듣는 경험담은 충동보다는 구체적이고 현실적인 목표를 세우도록 동기부여를 해 줘요."

"또?"

"중간에 포기하지 않고 예금풍차를 전진할 수 있도록 끊임없이 자극을 주고요."

"스터디가 예금풍차의 3단계까지 성공할 수 있는 보조장치가 되어 준다는 건가?"

"네. 하지만 그 이상이에요."

"그 이상이라니?"

"저는 학교에서 세 가지의 경기순환 모델을 배웠어요. 통화공급, 금리 및 재고투자순환이라고도 불리는 40개월 주기의 키친 사이클, 설비투자순환이라고도 일컬어지는 10년 주기의 주글러 사이클, 기술 혁신, 신자원 개발 등에 의한 50~60년 주기의 장기 사이클인 콘드라티에프 사이클 등이요. 그런데 스터디에서 경제 공부를 지속하다 보니까, 실제로는 조금씩 차이가 나더라고요."

"어떤 차이가 있나?"

"여기는 대한민국이잖아요. 대한민국의 지리적·문화적·경제적 특수성에 따른 대한민국만의 사이클. 그리고 그 안에 존재하는 수많은 태풍 수익들."

태풍 수익이라는 네 글자를 말하는 이 과장의 눈빛이 반짝거렸다. 이전에는 재테크에 성공하는 길은 복권밖에 없겠다고 한숨만 푹푹 내쉰 적이 있다. 예금풍차를 처음 시작할 때만해도 '설마 내가 진짜 성공하겠어?'라는 의심만 가득했다. 그러나 이제는 달랐다. 해마다 복리로 불어나는 열두 개의 정기예금은 재테크의 강력한 엔진이 되어 주었다. 책과 신문을 통해 얻는 지식과 혜안들은 부드러운 기름이 되어 영차영차 엔진을 돌려 주었다. 하지만 이것만으로 자동차를 목적지까지 가져가기에는 2퍼센트 부족했다.

"이 과장, 정말 대단하네."

"네?"

"예금풍차를 엔진에 비유하리라고는 생각도 못 했는걸?"

"에이, 뭘요."

"그런데 2퍼센트 부족하다는 건 과연 무엇을 말하는 걸까?"

이 과장은 고개를 들어 천장을 바라보았다. 알 것 같으면서도 모르겠다. 예금풍차의 3단계를 모두 성공한 사람들만이 가지고 있는 그것, 그 2퍼센트는 과연 무엇일까? 얼떨떨한 표정으로 생각에 잠긴 이 과장이 갑자기 무릎을 탁 쳤다.

"브레이크요! 지점장님, 브레이크가 있어야 해요."

"브레이크라니?"

깜짝 놀란 최 지점장이 물었다.

"태풍 수익의 기회가 내 옆을 그냥 스쳐 지나가지 않도록 꾹 누를 수 있는 브레이크를 가져야 해요. 진짜 고수는 뛰어난 '판단력'으로 기회의 '브레이크'를 놓치지 않아요."

기쁨의 표정으로 이야기하는 이 과장을 바라보며 최 지점장은 그제야 알았다는 듯 다정한 미소를 지었다.

+

금세 시간이 지났다. 이 과장은 이만 헤어져야 할 시간임을 느꼈다. 항상 최 지점장에게 받기만 했기에 오늘 저녁은 이 과장이 대접하겠다고 결심하고 나온 자리였다.

"지점장님, 정말 감사합니다. 저의 예금풍차 멘토가 되어 주셔서요. 지점장님 덕분에 제 삶이 건강하게 바뀌었어요."

"유어웰컴이야. 이제는 태풍 수익의 때를 잡기 위한 '판단력'을 키우기 위해 노력해야 하네. 경제신문과 경제경영 서적, 스터디와 세미나에 성실히 참여하는 모든 활동이 자네를 도울 걸세. 종잣돈을

모으기만 하는 사람과 꾸준한 공부를 통해 기회를 창조하는 사람은 엄연히 다르다는 것을…… 이 과장은 이미 충분히 느꼈겠지?"

"네. '부'는 저절로 생기는 것이 아니란 걸 알게 됐어요. 판단력과 인내심도요. 거북이처럼 끈질기게 노력하고 공부해야만 얻을 수 있다는 것을요."

이 과장은 방긋 웃으며 대답했다.

"아빠가 되니까 책임감이 더 강해진 것 같아요. 조만간 둘째도 가지려고요."

최 지점장이 방긋 웃으며 물었다.

"아직 아이를 가질 만큼 여유가 없다고 고민이 많던 때가 엊그제 아니었나?"

이 과장은 빙그레 미소 지으며 대답했다.

"그때와는 완전히 달라졌어요. 왜냐하면…… 이제는 1년 365일 힘차게 돌아가는 열두 개의 예금풍차를 갖고 있기 때문이죠."

▶ **예금풍차 3단계: 100권의 경제경영서 돌파 후 태풍 수익의 기회 잡기!**
예금풍차가 쉼없이 돌아가는 동안 100권의 경제경영서를 읽으며 내공을 쌓는다. 그리고 태풍 수익의 기회가 왔을 때 그동안 갈고 닦은 '판단력'이라는 브레이크로 태풍 수익의 기회를 잡는다.

부록

현직 은행원이 알려 주는 재테크의 진실

○ 안정성이냐, 수익성이냐

사실 알고 보면 안전하지 않지만 안전하다고 착각하기 쉬운 금융 상품은 무엇일까? 똑같은 금리의 정기예금으로 수익률을 더 높일 수 있는 방법이 있을까?

예금자보호 여부를 확인한다

사람들은 펀드는 큰 수익을 얻을 가능성이 큰만큼 리스크도 크다는 것을 잘 안다. 그러나 MMF, CMA, 원금보장형 ELS와 DLS, 신용등급 A- 이상의 우량회사채 등은 무조건 안전하다고 착각하기 쉽다. 지금 언급한 상품들은 대부분 예금자보호가 되지 않는다. 위험에 노출될 수 있는 가능성이 존재하는 상품이다. 실제로 2008년 말 리먼브러더스 사태 때는 ELS를 발행한 리먼브러더스가 부도 나면서 많은 사람들이 피해를 봤다. CMA는 크게 RP형, 종금형, MMF, MMW 네 가지로 나누어지는데, 차이점은 아래와 같다.

- 증권사 CMA(RP형), MMF, MMW: 예금자보호가 되지 않음.
- 종금사 CMA(종금형): 예금자보호가 됨. 하지만 일부 예금자보호 계약 기간이 끝난 종금사의 CMA는 보호가 되지 않으므로 가입 전 꼭 확인이 필요함.

표준투자권유준칙의 투자위험도 분류 기준안

(자료: 증권업협회)

구분		초고위험	고위험	중위험	저위험	저위험
채권		투기등급 포함(BB 이하)		회사채 (BBB+~(BBB-)	특수채,금융채, 회사채(A-이상)	국고채,통안채, 지방채, 보증채
파생결합 증권	ELS,DLS	원금비보장형		원금부분보장형	원금보장형	
	ELW	ELW				
주식		신용거래,투자경고종목 투자위험종목,관리종목	주식			
집합투자증권 (펀드 등)		주식형		혼합형	채권형	MMF
		파생상품 투자펀드				
선물옵션		선물옵션				

원금보장형 ELS는 중도환매하지 않는다

ELS는 원금보장형, 원금부분보장형, 원금비보장형이 있다. 원금보장형 ELS로 가입한다 하더라도 투자 기간 중 조기상환 되는 경우를 빼고는 중도에 환매하려면 약 5~8퍼센트의 수수료가 붙는다. 환매 수수료가 낮지 않은 만큼, 이는 투자자의 손실로 돌아간다. 따라서 마음에 쏙 드는 ELS상품을 발견했다 하더라도 중도환매를 질내 하지 않을 자신이 있을 때만 가입한다.

소득공제 혜택이 있는 연금저축상품은 수익성 대 안정성을 고려한다
연금저축은 아래의 세 가지 종류로 분류한다.
- 연금저축보험: 보험사, 예금자보호 혜택이 있음.
- 연금저축신탁: 은행권, 예금자보호 혜택이 있음.
- 연금저축펀드: 자산운용사, 예금자보호 혜택이 없음.

뿌리는 '연금' 상품이지만 대부분은 소득공제 혜택에 가장 큰 주안점을 두고 연금저축을 선택한다. 그런데 노후와 소득공제 혜택만 받으면 된다고 아무 연금저축에 가입했다가는 후회할 확률이 높다. 상품별로 수익률 차이가 크게 나기 때문이다. 최근 D증권이 연금저축보험, 연금신탁, 연금펀드상품의 대표 상품들을 각각 한 개씩 선정해 2001년부터 지속적으로 납입했다고 가정하고 수익률을 계산해 본 결과, 연금펀드의 누적 수익률은 82.8퍼센트로 연금신탁의 23.8퍼센트와 큰 차이를 보였다(연금저축보험은 약 30퍼센트의 수익률을 올린 것으로 추정된다). 위의 결과만을 보면 당연히 연금펀드에 가입해야 한다. 하지만 만 55세 이후에 수령하는 장기 금융상품인 만큼 예금자보호가 되지 않는 연금펀드는 위험에 노출될 수 있다는 단점이 있다. 수익률과 안정성 중 어디에 주안점을 둘지는 개인의 투자 성향, 전체 자산의 포트폴리오, 연금 수령 시기 등을 잘 고려해서 판단해야 한다. 연금저축에 대한 자세한 내용은 뒤쪽에서 살펴보도록 한다.

세금 징수에 따른 금리 상승·하락 효과

비과세	세금우대	세금우대종합	일반과세
4.0%	3.944%	3.620%	3.384%
4.1%	4.043%	3.711%	3.469%
4.2%	4.141%	3.801%	3.553%
4.3%	4.240%	3.892%	3.638%
4.4%	4.338%	3.982%	3.722%
4.5%	4.437%	4.073%	3.807%
4.6%	4.536%	4.163%	3.892%
4.7%	4.634%	4.254%	3.976%
4.8%	4.733%	4.344%	4.061%
4.9%	4.831%	4.435%	4.145%
5.0%	4.930%	4.525%	4.230%
5.1%	5.029%	4.616%	4.315%
5.2%	5.127%	4.706%	4.399%
5.3%	5.226%	4.797%	4.484%
5.4%	5.324%	4.887%	4.568%
5.5%	5.423%	4.978%	4.653%
5.6%	5.522%	5.068%	4.738%
5.7%	5.620%	5.159%	4.822%

* 이자 수령 방법 등에 따라 이자 수령액은 위의 도표와 다소 차이가 날 수 있다.

세금 징수에 따른 금리 상승·하락 효과를 놓치지 않는다

이율이 높은가 낮은가는 예금풍차를 돌리는 데 무척 중요한 요소다. 작은 이율 차이도 복리로 계산해 보면 큰 간격을 만들어내기 때문이다. 따라서 인터넷폼을 열심히 팔아서라도 높은 금리의 상품에 가입하도록 노력해야 한다. 수익성을 높이는 데 금리만큼 중요한 것이 바로 세금 징수 방법이다. 이자를 수령할 때 일반과세 대신 비과세, 세금우대저축, 세금우대종합저축으로 이자를 수령하면 적지 않은 금리 상승 효과가 있음을 다음 표로 알 수 있다. 실제로 연 금리 4.0퍼센트의 정기예금에 가입했더라도 일반과세를 하면 실질이자는 약 3.3퍼센트에 불과하다. 따라서 122~123쪽의 '비과세와 절세상품' 표를 꼭 살펴보자. 또한 수익성이 좋은 상품은 그만큼 안정성이 떨어지는 측면이 있다. 수익성만큼 중요한 것이 바로 안정성이기 때문에 항상 둘을 같이 고려하는 습관을 들여야 할 것이다.

정기예금은 만기일에 바로 찾는다

정기예금은 만기일에 바로 찾지 않아도 된다고 생각하는가? 정기예금의 금리는 기본적으로 기본 이율, 중도해지 이율, 만기 후 이율이 다르게 설정된다. 만기 후에 정기예금을 해지하게 되면 예치 기간까지는 기본 이율을 적용하지만 예치 기간이 지난 후부터는 만기 후 이율을 적용한다. 은행이나 상품별로 다르지만 만기 후 한 달 이내는 기본 이율의 50퍼센트, 만기 후 1개월 초과~3개월 이내는 기본 이율의 30퍼센트, 만기 후 3개월 초과 시에는 연 0.5퍼센트처럼 날짜가 지남에 따라 금리도 점차 내려간다. 예금풍차에 성공한 사람은 하루의 이자 차이도 소홀히 여기지 않는다. 당신도 그들보다 더 부지런하고 꼼꼼해질 수 있다.

◉ 연금저축 가입 전 반드시 알아야 할 것들

소득공제 혜택이 있다는 연금저축은 무엇이 있을까? 정말 13월의 월급을 받을 수 있을까?

개인연금을 미리 공부하고 은행에 간다

은행에 금융상품을 가입하러 갔다가 더 혼란스러워져서 돌아온 적이 있다면, 은행에 가기 전 가입하려는 상품을 미리 공부해 보자. 바쁜 일상이지만 시간을 쪼개 보면 충분히 한 시간 정도의 여유 시간을 낼 수 있다. 재테크 책이나 인터넷카페를 10분, 20분 정도라도 훑어보고 갔을 때와 그러지 않았을 때의 차이를 느껴 본 적이 있는가? 특히 연금상품 같은 경우는 한번 가입하면 수십 년 동안 나와 함께해야 할 상품이다. 소득공제 혜택이 있다는 이유 하나만으로 충분한 준비 없이 덜컥 가입해버리면 두고두고 후회할 수 있음을 잊지 말자.

연금은 크게 국민연금, 개인연금, 퇴직연금의 세 가지 종류로 나뉜다. 그중 우리가 가장 신경 써야 할 것은 개인연금이다.

개인연금은 다시 세 가지 종류로 나뉘는데, 보통 두 가지로 나누지만 이해를 돕기 위해 세 가지로 분류해보았다.

- 소득공제 혜택이 있는 세제적격상품: 연금저축
- 비과세 혜택이 있는 비세제적격상품: 일반 연금

금융회사별 연금저축(세제적격개인연금) 비교

(자료: 금융감독원)

운용기관	생명보험사	손해보험사	은행	자산운용사
상품 형태	연금저축보험	연금저축보험	연금신탁	연금펀드
납입 방식	매월 정해진 금액 의무 납입		1만 원 이상 자유 납입	
수수료(사업비)	매월 납입 보험료에 비례하여 부과		적립액에 비례하여 부과	
연금 형태	종신·확정·상속형	확정형(5~25년)	확정형(5년 이상)	확정형(5년 이상)
원금보장 여부	보장	보장	보장	보장 불가
예금자보호법	적용	적용	적용	적용 불가

- 비과세 혜택이 있는 비세제적격상품: 변액연금보험, 변액유니버설보험

　소득공제 혜택이 있는 연금저축은 다시 세 가지 종류로 나누어진다.

- 연금저축보험: 생명보험사, 손해보험사
- 연금신탁: 은행
- 연금펀드: 자산운용사

연금저축보험 절세 예상 금액

과세표준 (소득세율)	월 10만 원 납입 (소득공제 120만 원 혜택)	월 25만 원 납입 (소득공제 300만 원 혜택)	월 34만 원 납입 (소득공제 400만 원 혜택)
1200만 원 이하 (6%)	79,200원	198,000원	264,000원
1200만 원 초과 ~4600만 원 이하 (15%)	198,000원	495,000원	660,000원
4600만 원 초과 ~8800만 원 이하 (24%)	316,800원	792,000원	1,056,000원
8800만 원 초과 (35%)	462,000원	1,155,000원	1,540,000원

최대 예치 가능 금액을 설정한다

연금저축에 가입하기로 했다면 최대 예치 가능 금액은 무리해서 설정하면 안 된다. 가입 금액이 많다고 나쁜 것이 아니라, 무리해서 예치할 경우 중간에 해지할 확률이 높기 때문이다. 400만 원의 소득공제 혜택을 다 받기 위해서는 월 34만 원씩 납입하면 되고 절세 혜택은 위의 표와 같다. 물론 무시할 수 없는 절세 금액이다. 하지만 만약 연금저축을 중도에 해지한다면 어떻게 될까? 연금저축은 중도해지하거나 일시금으로 수령 시 공제받은 금액에 상당하는 해지환급금은 기타소득세 22퍼센트(지방소득세 2퍼센트 포함)를 원천징수당하고 5년 이내 해지 시는 저축불입액에 대해 해지가산세 2.2퍼센트(주민세 0.2퍼센트 포함)까지 내야 한다.* 이는 그동안 받은 소득공제 혜택을 모두 토해내는 것과 같다. 연금은 연금상품인 만큼 무리해서 가입하기보다는 10년 이상 꾸준히 납입할 수 있는 금액으로 설정해 두어야 한다. 목돈 마련은 예금풍차로 하고 연금은 절세와 연금상품이라는 데 의미를 두는 것이 낫다.

'금융기관 간 갈아타기'가 가능한지 가입 전 확인한다

연금저축을 가입하기로 했다면 금융기관 간 갈아타기가 가능한지 꼭 물어보도록 하자. 대부분의 상품이 가능하지만 일부 불가능한 상품도 있다. 안정성을 중요시 여겨 연금저축에 가입을 했더라도 '연금저축계약이전제'를 활용하여 수익성이 높은 연금펀드로 바꾸고 싶다면 세제 혜택의 불이익 없이 전환이 가능하다. 기타소득세 22퍼센트와 해지가산세 2.2퍼센트를 물지 않아도 된다는 이야기다. 물론 계약이전 수수료나 사업비 등을 차감하는 것은 감안해야 한다. 몇 년 후 왜 다른 상품들은 다 전환이 가능한데 자신의 상품만 전환이 안 되어 후회하지 않도록 미리 파악해 놓는 것이 중요하다.

공적연금과 연금 수령 시기를 분산한다

연금을 언제 수령할지 연금 수령 시기도 미리 생각해 두자. 연금저축은 기본적으로 만 55세 이후부터 5년 이상 수령하도록 되어 있다. 연금 수령 시 연간 수령하는 국민·퇴직·개인연금의 총합계액이 600만 원 이하면 연금소득세 5.5퍼센트만 내면 된다.** 하지만 600만 원을 초과하면 연금소득도 종합소득세율로 과세한다. 종합소득세율로 일괄 과세되는 것이 걱정되는 사람이라면 연금 수령 시기를 나누자. 1969년 이후에 태어난 사람은 국민연금인 노령연금은 만 65세 이후부터 수령하므로 개인연금은 만 55세부터 10년 동안 수령하거나 만 60세부터 5년 동안 수령하는 방법이 있다.

소득공제환급금은 예금풍차를 돌린다
소득공제환급금을 매년 받더라도 어떻게 사용할지 미리 계획해 놓지 않으면 어디 썼는지도 모르게 사라져버린다. 주의할 점도 무척 많은 상품인데 절세 금액을 의미 없게 써버릴 것이라면 처음부터 가입하지 않는 편이 낫지 않을까? 예금풍차로 목돈을 모으고 있는 중이라면 절세 금액을 그대로 예금풍차에 예치하면 종잣돈 마련이 훨씬 수월해질 수 있음을 기억하자. 연금을 받기 전까지 수년 동안 복리 효과를 누릴 수 있다.

---

* 2013년부터는 연금소득세를 5% 적용받았던 모든 금액의 10%를 해지가 산세로 내야 한다.

** 2013년부터는 공적연금을 제외하고 사적연금으로만 1200만 원 이하일 경우 매월 100만 원까지는 5%의 세율(종신형 수령), 70세 이후 수령 시 4%의 세율(퇴직소득수령), 80세 이후 수령 시 3%의 세율을 내면 된다.

○ 신용카드 똑똑하게 사용하는 법

주로 신용카드를 사용하다 보니 한 달 동안 내 지출이 어떻게 이루어지고 혜택은 얼마나 받고 있는 건지 파악이 잘 안 된다. 신용카드를 잘 사용하기 위해 알아 두어야 할 점들은 무엇이 있을까?

신용카드도 잘만 사용하면 유용하다

재테크 서적을 보면 대부분 저축을 위해 가장 먼저 해야 하는 일 1순위로 신용카드를 사용하지 말라는 이야기가 나온다. 은행에서 일하다 보면 절약에 대한 의지를 다지며 신용카드를 해지하는 고객을 종종 볼 수 있다. 그런데 열의 아홉은 몇 달 뒤 다시 신용카드를 새로 만들고는 한다. 이유를 물어보면 체크카드만 쓰다 보면 통장 잔액이 넉넉지 않을 때는 항상 불안하다고 했다. 할부가 되지 않아서 꼭 필요한 고액의 상품을 구매할 때도 불편할뿐더러 '○○카드 결제 시 할인'이라는 행사를 볼 때마다 입맛이 씁쓸해졌다고 한다. 신용카드를 갖고 있지 않은 사람을 찾아보기 힘들 정도로 신용카드 사용이 보편화된 시점에서 본인만 갖고 있지 않은 것도 자꾸 신용카드를 다시 만들게 하는 요인이다. 어차피 계속 사용할 신용카드라면 가장 똑똑하게 사용하는 법을 연구해 보는 것은 어떨까?

본인의 소비 패턴과 가장 잘 맞는 신용카드를 분석한다

한 달에 신용카드 이용으로 받는 혜택이 3만 원이라면 1년 동안 총 36만 원의 혜택을 보게 된다. 정기예금 1000만 원을 1년 동안 연 4.0퍼센트의 금리로 예치 시 일반과세 후 받게 되는 이자인 약 33만 8400원보다 약 2만 1600원이나 많은 금액이다. 신용카드를 잘만 이용하면 정기예금 1000만 원을 굴리는 효과를 갖게 되는 것이다. 주말 이틀 정도만 시간을 내어 인터넷 가계부를 통해 본인의 소비 패턴을 분석하고 주거래 은행이나 카드사의 카드를 샅샅이 공부해 보자. 자신의 소비 패턴에 맞는 신용카드가 분명 있을 것이다. 요즘에는 일정 수수료를 지불하면 소비 패턴을 분석하여 나에게 가장 잘 맞는 신용카드를 추천해 주는 서비스도 있으니 많이 바쁘다면 이러한 서비스를 이용해 보도록 하자.

결제일은 15일 즈음으로 한다

신용카드 결제일 설정은 15일 근처로 한다. 별 생각 없이 급여일 다음 날로 설정해 놓지 않는다. 신용카드 결제일을 15일 근처로 하면 전월 1일부터 말일까지 사용한 금액에 대해서 결제되므로 이번 달의 결제 금액은 '지난 한 달 동안 지출한 지출가계부'와 같다. 결제일을 15일로 바꾸는 것만으로도 본인의 소비 패턴을 분석하고 반성하는 데 무척 용이하다. 신용공여 기간에 따른 결제일 설정은 카드사마다 15일보다 2~3일씩 앞뒤로 차이가 나므로 변경 전 정확하게 확인해 보자.

> **카드 이용 기간(전월 1일~말일)별 신용카드 결제일(2012년 7월 기준)**
> - 12일: 현대카드
> - 13일: 하나SK카드
> - 14일: 국민카드, 삼성카드, 신한카드, 외환카드, 롯데카드
> - 15일: 씨티카드, IBK기업카드, 우리카드, SC제일카드, 농협카드, BC카드

연회비는 국내 전용으로 한다

전년도 결제 실적에 따라 연회비가 면제되는 경우가 많다고 해도 가끔씩 실적 미달로 연회비를 내는 경우가 생길 수도 있다. 이럴 경우를 대비하여 연회비는 국내 전용으로 해 놓는 것이 낫다. 외국을 수시로 드나드는 경우가 아니라면 신용카드를 국내 전용으로 해도 문제는 없을 것이다. 실제로 국내에서 발급된 해외 겸용 카드의 약 80~90퍼센트가 해외 사용 실적이 없는 것으로 조사됐다. 국내 전용 카드로도 미국, 필리핀, 말레이시아 등 일부 해외 국가의 ATM기에서 현금 인출이 가능한 서비스도 확대 실시 중이다.

> **해외 겸용 카드 이용 시 주의할 점**
> - 해외 일부 호텔에서는 호텔 내 기기 파손 청구 비용을 대비

하여 신용카드의 앞면을 복사해 놓는데, 이러한 것들이 신용카드 해외 부정 사용으로 이용되는 경우가 종종 있다. 귀국 후 일정 기간이 지난 후 사고가 발생하는 경우가 많으므로 국내로 돌아온 뒤에 해외에서 신용카드가 사용되는 것을 방지해 주는 '해외 이용 안전 서비스'를 이용하자. 또한 출국 전 일반 마그네틱카드보다는 불법복제가 어려운 IC카드로 바꾸어 가는 것이 좋다.

- '해외에서 카드를 결제하려면 달러와 원화, 현지 통화 중 어떤 것으로 결제하는 것이 좋을까요?' 하고 묻는 경우가 있다. 해외에서 현지 통화로 결제하면 '현지 통화 결제 → 미국달러로 전환하여 글로벌브랜드 카드사(마스터, 비자 등)에 청구 → 국내 카드사가 원화로 변환하여 회원에게 청구'하는 단계를 거친다. 반면 원화로 결제하면 현지 통화 결제 이전에 원화를 현지 통화로 전환하는 과정이 추가된다. 환전 수수료가 1회 더 부과되는 것이다. 따라서 이때는 '달러 → 현지 통화(화폐) → 원화' 순으로 결제하는 것이 환전 수수료를 줄일 수 있는 가장 좋은 방법이다.

고액 결제 시 무이자 할부를 적극적으로 활용한다

할부 수수료가 무척 높은 카드사의 할부는 이용하지 않는 것이 좋다. 그런데 스파 정기권이나 휘트니스 회원권처럼 장기간 이용하는 시설을 선불로 결제할 때는 무이자 할부 혜택이 있다면 이용하는 것이 낫다. 지난 2008년 C 휘트니스가 부도가 나면서 회원권을 일시불로 결제한 사람은 피해보상을 받지 못했지만, 할부로 거래한 경우 나머지 할부금의 지급 거절 의사를 전달함으로써 피해를 최소화할 수 있었다. 신용카드 가맹점에 항변권을 행사하는 내용증명 사본을 첨부해서 신용카드사에 제출하면 된다.

● 급전이 필요해도 정기예금을 해지하지 않는 법

급전 때문에 정기예금을 중도해지해야 할 때, 손실을 최소화 하기 위해서는 어떤 점들을 알고 있어야 할까?

급전이 필요할 때는 예금담보대출을 이용한다

자금의 대부분을 예금풍차에 이용하는데 급하게 돈이 필요하게 되면 다급해질 것이다. 예금 만기일이 얼마 남지 않았다면 정기예금을 해지하는 대신 예금담보대출을 이용하자. 은행마다 규정이 다르기는 하지만, 예금담보대출은 신청한 당일 즉시 예치 금액의 95퍼센트에서 100퍼센트를 지급한다. 금리는 예금 금리에서 약 1~1.5퍼센트를 가산한다. 예금 금리가 연 4퍼센트라고 하면 대출 금리는 연 5~5.5퍼센트 정도다. 예를 들어 1년 만기 예금 금액이 1000만 원이고 금리가 연이율 4퍼센트면 이자는 40만 원으로, 세금 15.4퍼센트를 제외하고 나면 33만 8400원이다. 그러나 예금을 해지하고 나면 원금은 보존되지만 이자는 원래 받기로 한 이자에 한참 못 미치는 수준밖에 받지 못한다. 만약 4퍼센트의 예금 금리에서 1퍼센트의 가산금리가 붙어서 대출 이자가 5.0퍼센트라고 하더라도 한 달 이자액은 4만 1666원[(=1000만 원×(4.0%+1.0%)×(1/12개월)]이다. 33만 8400원에서 4만 1666원을 제한다고 해도 29만 6734원의 이자를 받을 수 있다. 이 경우 만기 한 달을 남겨 놓고 중도해지하는 것보나 훨씬 유리하게 이사를 받을 수 있다.

자금이 회수가 되었다면 중도상환을 이용한다

예금담보대출은 중도에 상환하는 것도 가능하다. 원칙은 중도상환수수료가 나오지만 예금 해지 금액에서 상환하면 감면이 가능하다. 자금이 회수가 되었다면 만기일까지 기다리기보다는 중도상환을 해버리자. 예금담보대출 신청은 작성할 서류도 많고 복잡한 편이지만 오랜 기간 꾹 참고 유지해 오던 정기예금의 이자 손실을 최소화할 수 있다는 측면에서 반드시 알고 있어야 하는 제도다.

펀드담보대출도 알아 둔다

급전이 필요하지만 손실액이 커서 펀드를 도저히 해지할 수 없다면 어떻게 해야 할까? 손실액이 큰 펀드일 경우에는 해지에 좀 더 신중해야 함은 두말할 나위 없을 것이다. 은행마다 다르긴 하나 펀드는 당일 평가액을 기준으로 주식형 50퍼센트, 혼합형 60퍼센트, 채권형 90퍼센트 한도로 대출을 받을 수 있다. 대개 주식형이나 혼합형 펀드에 가입하므로 펀드담보대출의 경우 한도액이 50~60퍼센트 정도라고 생각하면 편할 것이다. 펀드는 해지를 해도 해지금이 수일 후에 입금되니 급하게 돈이 필요할 경우에는 담보대출을 유용하게 이용하자.

마이너스 대출보다는 예금담보대출과 친해진다

마이너스 통장을 만들 때에는 언젠가 급한 돈이 필요할 때를 대비해 만들어 두기만 할 생각이겠지만 결국 한도까지 꽉 채워 쓰게 되는 날이 오고야 만다. 어차피 이용하지 않으면 이자를 지급하지 않는다는 생각에 부담 없이 만들었다가 큰 코 다치는 것이다. 견물생심이라고 눈을 살짝만 돌리면 써야 할 돈, 사야 할 물건이 무척 많기 때문이다.

마이너스 통장의 이자 금리는 추가가산금리가 부과되므로 개별 대출에 비하여 높은 편이고, 마이너스 상태가 계속 유지되면 대출금의 이자가 다시 대출원금에 포함되므로 복리로 이자를 내는 효과가 있다. 따라서 연장할 때마다 오르기까지 하므로 마이너스 대출보다는 예금담보대출과 더 친하게 지내도록 하자.

예금담보대출은 은행에서 직접 신청한다
인터넷뱅킹이나 스마트폰뱅킹을 이용한 예금담보대출 서비스를 신청해 두면 초회를 제외하고는 필요할 때마다 은행에 내점할 필요 없이 저리에 대출을 받을 수 있다. 그러나 최근 피싱사이트를 통한 피해가 급증하면서 이와 같은 서비스가 잠정 중단됐다. 따라서 조금 번거롭더라도 은행에 직접 가서 서비스를 신청하거나 일회용 비밀번호 보안카드인 OTP를 발급받아서 안전하게 서비스를 이용하도록 한다.

● 보험 똑똑하게 가입하기

보험은 종류도 너무 많고, 또 미래를 예측할 수 없기 때문에 어떤 것을 가입해야 할지 혼란스럽다. 꼭 들어야 하는 보험은 무엇이고, 보험 가입할 때 판단 기준은 무엇일까?

보험은 크게 두 가지만 기억하자

처음부터 보험의 모든 것을 알려고 하면 머리만 아플 것이다. 보험을 크게 보장성보험과 저축성보험 두 가지로 구분하는 것부터 시작하자. 보장성보험에는 종신보험과 CI보험, 실손의료보험 등이 있다. 예측할 수 없는 사고나 질병에 대비하기 위하여 가입하는 것이므로 반드시 저축의 개념이 아닌 비용의 개념으로 접근한다.

저축성보험은 예금이나 펀드처럼 미래에 원금과 수익을 돌려받기 위한 것으로, 저축보험, 연금보험, 유니버설보험 등이 여기에 해당된다. 저축의 개념이므로 수익률이 가장 중요하다. 반드시 물가상승률과 사업비 대비 실질 수익률을 꼼꼼히 따져 봐야 한다. 보험에 대해 자세히 알고 싶다면 보험을 쉽게 풀어쓴 책이나 보험에 대해 잘 아는 사람에게 개략적인 내용을 먼저 들어 보는 것도 좋은 방법이다.

보장성보험을 저렴하게 가입하는 방법

저렴하게 보험을 이용하는 방법에는 종신보험과 CI보험 대신 일

정기간 동안에만 사망보험금을 받을 수 있는 정기보험을 이용하는 것이 있다. 만기에 찾는 돈이 없는 대신 동일한 사망보험금을 보장받는 종신보험에 비하여 보험료가 약 3~5배 정도 저렴하다. 차액을 복리 효과가 있는 예금풍차에 돌리면 나만의 은퇴 자금을 따로 준비할 수 있고 원할 때는 언제든지 쉽게 찾아 쓸 수도 있다.

보장성보험을 가입할 때는 보험료 납입 기간을 길게 하는 것이 유리하다. 예를 들어서 종신보험에 가입한다면 보험료 납입을 20년으로 했을 때와 30년으로 했을 때 납입하는 금액의 총 합계액은 큰 차이가 없다. 납입 기간을 길게 하면 사고나 질병 발생 시 보험 혜택도 더 볼 수 있고, 납입하는 월 보험료가 저렴해지는 만큼 부담이 적어서 유지하기도 쉽다.

실손의료보험 똑똑하게 가입하는 법

실손의료보험은 생명보험사보다는 손해보험사의 상품에 가입한다. 동일한 보장 내용의 실손의료보험으로 설계하더라도 상품 구조상 생명보험사의 상품이 더 비싸다. 무엇보다 생명보험사 상품은 비갱신형으로 가입할 수도 있는 진단비 특약을 대부분 갱신형으로 가입해야 한다.

실손의료보험을 가입하기로 했다면 두 가지를 최소화해 달라고 보험설계사에게 부탁하자. 의무가입 특약 보험료와 적립 보험료가 그것이다. 의무가입 특약 보험료는 대부분 손해율이 낮아서 보험사에게 유리한 특약으로 구성되어 있으므로 최소로 구성하는 것이 유리하다. 갱신 후 보험료 증가를 대비하여 적립 보험료를 모아 놓는 것이 낫다고 하지만 앞서 언급했듯이 저축이 아닌 보장의 개념으로 접근하는 것이 바람직하므로 적립 보험료 또한 최소한으로 한다.

저축보험은 사업비를 차감한 후에 복리가 적용된다
저축보험은 시중은행의 예·적금보다 이자율이 높고, 복리로 운용되며, 10년 이상 유지 시 비과세 혜택까지 적용받는다. 반면에 만기가 길고, 가입 초기에 중도해지 시 원금을 거의 못 건지는 경우도 생긴다. 이와 같은 일이 발생하는 이유는 약 10퍼센트에 해당하는 사업비 때문이다. 예를 들어 한 달에 20만 원씩 납입한다면 실제로 납입되는 금액은 20만 원에서 사업비 2만 원을 차감한 18만 원뿐이다. 이는 저축보험의 장점인 금리, 복리, 비과세 혜택을 모두 무색하게 할 만큼의 차이다.

　가입 후 1~2년 내에 해지한다고 해도 5~6년 동안의 사업비를 미리 떼고 남은 금액만을 돌려주므로 1년 이내 해지 시에는 원금도 제대로 못 건진다. 해지하기가 쉽지 않은 만큼 강제 저축의 효과가 있지만, 그럼에도 불구하고 끝까지 유지하지 못할 거라면 절대 가입하지 말아야 한다.

납입 중지 기능은 최소 6~7년 후에 사용한다

저축성보험 가입 시 약 2년 정도 후부터는 납입을 일시 중지할 수 있는 납입 중지 기능이 있다. 자금 순환이 원활하지 않아서 납입을 중지해야 한다면 중지 기간을 최소화하자. 납입을 중지해도 사업비를 포함한 기타 필요 경비가 매달 지속적으로 빠져나가기 때문이다. 특히 가입한 지 얼마 안 된 경우라면 적립된 돈도 얼마 안 되는 상황에서 매월 필요 경비만 빠져나가는 최악의 경우도 발생한다. 적어도 6~7년 후에는 적립된 돈도 늘어나고 기타 필요 경비 부담도 줄어든다. 따라서 납입 중지 기능을 이용해야 한다면 시기는 최소 6~7년 후가 적당하다.

○ 소비통장은 몇 개로 만드는 것이 좋을까?

보통의 재테크 서적에서는 통장을 몇 개씩 나눠서 활용하라고 한다. 저축통장이 아닌 소비통장은 어떻게 관리하는 것이 현명할까?

통장 쪼개기에 앞서 알아야 할 것들

재테크에 관심이 있는 사람이라면 통장 쪼개기에 대해서 한 번쯤은 들어 봤을 것이다. 통장을 급여·소비·예비·투자통장의 네 가지의 종류로 나누어서 지출을 관리하는 재테크 방법이다. 급여통장에서 고정비용 지출이 끝나면 잔액을 소비통장으로 이체하고, 소비통장에서 변동금액 지출 후 잔액을 예비통장으로, 예비통장에 충분한 예비금액이 갖추어져 있으면 남은 금액을 투자통장으로 이체한 뒤에 정기예금이나 펀드 등에 다시 투자하는 것이다. 만약 통장 쪼개기가 번거롭게 느껴진다면 개인의 성향에 맞추어 통장을 두세 개 정도로만 나누는 것도 충분하다. 단, 고정지출과 변동지출에 대한 개념을 정리해 보는 과정을 충분히 거쳐야 한다.

통장 쪼개기는 두세 개 정도가 적당하다

통장을 네 개로 쪼개는 과정이 번거롭다면 고정지출과 변동지출에 대한 구분 후에 급여통장과 소비통장 두 개를 만든다.

- 고정지출통장 → 급여통장

고정지출과 변동지출의 구분

고정지출	변동지출
세금·공과금, 금융재테크비(대출이자, 보험료), 용돈(부모, 자녀, 형제), 주거비(관리비)	가정용품비, 건강·의료비, 교제비, 교통·통신비, 식비, 여가·문화비, 육아·교육비, 의류·미용비, 차량유지비

• 변동지출통장 → 소비통장

월급이 들어오는 급여통장에서 고정지출이 빠져나가고, 소비통장에는 자동이체된 금액만큼만 변동지출 소비가 이루어지게 하자. 소비통장을 반드시 만들어야 하는 이유는 강제로 지출을 통제하기 위해서다. 들쭉날쭉하게 월급이 입금되는 급여통장에서 소비까지 한번에 이루어지면 월급이 많이 입금된 달에는 흥청망청 쓰기 마련이다. 소비통장에 입금된 금액만큼만 소비를 하고 급여통장의 남은 돈은 예금풍차 정기예금 개설 시 함께 납입하면 된다.

    예금풍차는 한 달에 한 번 정기예금 만기일이 돌아오므로 비상 시 예비금을 쉽게 마련할 수 있다. 만약 어떠한 비상사태가 와도 예금풍차 금액은 절대 손대지 않겠다고 결심했다면 따로 예금·적금 외의 예비통장을 개설해 두자. MMF, CMA통장이 예비통장으로 적당하다.

급여 입금 당일 반드시 지출 예산액을 소비통장으로 이체한다

아무리 급여를 많이 받더라도 현금 흐름을 통제하지 못하면 남는 돈이 없기 마련이다. 급여통장이 결제 계좌로 되어 있는 체크·신용·현금카드로 모든 소비를 하고 있다면 반드시 따로 소비통장을 개설하자. 급여 입금 당일에 월 지출 예산액을 소비통장으로 강제 자동이체하는 것이 중요하다. 돈을 많이 모으고 싶다면 아이러니하게도 돈에 대한 접근성을 떨어뜨려야 하기 때문이다. 예금풍차 금액을 늘리기 위해서 소득을 높이는 것도 중요하지만 지출 통제가 되지 않으면 해변에 모래성을 쌓는 것과 다름없다.

잔액 통보 SMS를 신청한다

지출을 잘 통제하느냐는 예금풍차의 성공을 좌우하는 중요한 문제다. 소비통장을 현명하게 관리하는 방법에 대해 꼭 알아 두어야 하는 이유이기도 하다. 소비통장에서 변동지출이 이루어질 때마다 통장 잔액을 통보해 주는 SMS 서비스를 신청하도록 하자. 잔액이 줄어드는 것을 그때 그때 SMS로 확인하면 소비를 줄이는 각성 효과가 생긴다. 300~1000원 정도의 SMS 수수료를 아끼지 말고 영업점이나 인터넷뱅킹, 전화를 통해서 잔액 통보 서비스를 반드시 신청한다. 통장 잔액이 얼마 있는지 대략 알고 소비를 할 때와는 차원이 다르게 예산 범위 내에서만 소비하는 변화를 겪게 될 것이다.

소비통장의 잔액은 예금풍차에 불입한다

다음 달에 급여통장으로부터 자동이체 금액이 입금될 때까지 소비통장에 잔액이 남아 있다면 이를 예금풍차에 불입한다. 잔액을 급여통장으로 이체하여 정기예금 개설 시 함께 납입해도 된다. 또는 급여통장으로부터 자동이체되는 금액을 그 달에만 잔액만큼 차감에서 이체해도 괜찮다. 소비통장에 잔액이 남을 만큼 절약했다는 데에 의의를 두는 것도 중요하지만 실질적인 투자로 이루어지도록 조금 더 부지런히 움직이는 것이 더 의미 있는 결과일 것이다. 소비를 줄이고 예금풍차 금액이 늘어나는 과정이 반복되면서 '저축의 맛'을 알게 되고 소비를 더 잘 봉쇄하게 될 것이다.

무리하게 지출 통제를 하지 않는다

소비통장의 잔액이 부족해서 예비통장에서 돈을 자주 출금하는가? 혹은 예금풍차를 하는 정기예금을 깬 적이 여러 번 있는가? 강제 저축과 지출통제를 통해 올바른 소비 습관을 갖는 것은 중요하지만 변동지출 금액을 지나치게 적게 설정하면 오히려 자연스런 현금 흐름이 깨지기 마련이다. 예비통장은 말 그대로 갑작스런 사고나 실직에 대비하기 위하여 두세 달 정도의 여유자금을 넣어 두는 곳이고, 예금풍차의 궁극적인 목적도 복리 효과를 통한 종잣돈 마련이다. 소비통장에 입금되는 금액을 지나치게 적게 설정해서 현금흐름이 종종 깨진다면 입금 금액을 늘리도록 하자.

● 주거래은행 vs 신규 가입

예금이나 적금을 가입할 때 신규 고객의 경우에는 수익률을 적게나마 올려 주기도 한다. 그러면 그런 상품에 가입할 때는 주거래은행이 아닌 곳에서 가입하는 것이 더 유리할까?

주거래은행이 생기면 몸이 편하다

재테크의 기본은 '주거래은행 만들기'다. 대개 급여통장이 있는 은행이 주거래은행이 되기 마련인데 은행은 보통 지난 3~6개월 사이의 거래 실적을 반영하여 고객의 등급을 결정한다. 등급에 따라 타행이체 수수료, 영업 시간 외 ATM 출금 수수료, 자기앞수표 발행 수수료, 해외 외화 송금 수수료 및 금리·환율 우대 등의 혜택을 볼 수 있다. 또한 각종 은행 업무를 한곳에 집중시킴으로써 금융자산을 손쉽게 관리할 수 있다는 장점이 있다.

반드시 주거래은행의 예·적금이 유리한 것은 아니다

급여가 들어오는 통장의 취급은행을 주거래은행으로 삼기로 했다고 예금·적금도 반드시 주거래은행에서만 개설할 필요는 없다. 주거래은행이 아닌 금융기관의 예·적금 금리가 더 높을 수 있으므로 꼼꼼히 살펴보자. 예·적금 신규 시 적어도 타 기관의 금융상품 두세 개 정도는 비교할 필요가 있다.

특판예금이 판매되는 경우나 신규 고객의 경우에는 적지 않은 우대금리를 주는 금융상품도 많기 때문이다. 기존 고객 우대금리를 포함한 주거래은행 상품보다 우대를 하나도 받지 못한 타 금융상품의 기본 금리 자체가 더 높은 경우도 충분히 존재한다. 예금풍차에 이용되는 예·적금은 가입 후 1년 뒤에 해지하는 것이 기본 규칙이므로 귀찮더라도 약간의 부지런함을 발휘하자.

펀드, 주택담보대출의 경우도 마찬가지!
특히 주택담보대출을 받을 경우에는 주거래은행을 포함하여 두세 개 이상의 은행을 방문해 보자. 수십 년 동안 거래한 은행보다 타 은행에서 금리 인하나 근저당설정비 면제 등 더 좋은 조건을 제시할 수도 있다. 주거래은행이 있을 경우 가장 눈에 띄는 혜택은 신용대출을 비교적 쉽게 받을 수 있다는 것이다. 그러나 은행 실적보다 직업의 영향을 더 많이 받는 경향이 있으므로 주택담보대출과 마찬가지로 타 은행과 비교해 보는 것이 필요하다.

    펀드와 같은 상품도 은행별로 주력 판매 상품이 다르다. 각각의 은행에서 주로 판매하는 펀드의 장단점을 꼼꼼히 비교 분석하여 가입하도록 한다.

추천 도서

재테크 걸음마를 배울 때

임재원·우용표·인범준, 『72 마법의 법칙 복리』, 경향미디어
장순욱, 『푼돈의 경제학』, 살림출판사
송승용, 『재테크 쇼크』, 웅진윙스
윤재수, 『대한민국의 1%가 된 주식부자들』, 길벗
박창모, 『당신이 속고 있는 28가지 재테크의 비밀』, 알키
권성희, 『준비하는 엄마는 돈 때문에 울지 않는다』, 행복한발견
고경호, 『4개의 통장』, 다산북스
이천, 『내통장 사용설명서』, 웅진윙스
우용표, 『월급쟁이 재테크 상식사전』, 길벗
허서윤·신찬옥, 『언니의 비밀통장』, 21세기북스
김대우, 『당신이 놓치고 있는 대출의 비밀』, 위즈덤하우스
고득성·정성진·최병희, 『돈 걱정 없는 노후 30년』, 다산북스
엄성복·이지영, 『돈 버는 소비 심리학』, 국일미디어
김경신, 『0원에서 시작하는 재테크』, 그리고책
아파테이아, 『마흔살, 행복한 부자 아빠』, 길벗

경제를 보는 시각을 넓히고 싶을 때

쑹훙빙, 『화폐 전쟁』, 차혜정 옮김, 랜덤하우스코리아
이리유카바 최, 『그림자 정부: 경제편』, 해냄
박경철, 『시골의사의 부자경제학』, 리더스북

최진기, 『지금 당장 경제공부 시작하라』, 한빛비즈

홍춘욱, 『돈 좀 굴려봅시다』, 스마트북스

사이토 다카시, 『세계사를 움직이는 다섯 가지 힘』, 홍성민 옮김, 뜨인돌

마크 파버, 『내일의 금맥』, 구홍표·이현숙 옮김, 필맥

윌리엄 번스타인, 『부의 탄생』, 김현구 옮김, 시아출판사

제레드 다이아몬드, 『문명의 붕괴』, 강주헌 옮김, 김영사

장하준, 『나쁜 사마리아인들』, 이순희 옮김, 부키

신디 스피처·데이비드 위더머 외, 『애프터쇼크』, 한수영 옮김, 쌤앤파커스

우석훈·박권일, 『88만원세대』, 레디앙

선대인, 『프리라이더』, 더팩트

염상훈, 『금리의 역습』, 원앤원북스

토드 부크홀츠, 『죽은 경제학자의 살아있는 아이디어』, 류현 옮김, 김영사

유시민, 『부자의 경제학 빈민의 경제학』, 푸른나무

폴 크루그먼, 『불황의 경제학』, 안진환 옮김, 세종서적

피터 번스타인, 『월스트리트로 간 경제학자』, 이건 옮김, 비즈니스맵

버나드 보몰, 『세계 경제지표의 비밀』, 이소연 옮김, 럭스미디어

팀 하포드, 『경제학콘서트』, 김명철 옮김, 웅진지식하우스

스티븐 레빗·스티븐 더브너, 『괴짜 경제학』, 안진환 옮김, 웅진지식하우스

크리스토퍼 시, 『이코노믹액션』, 양성희 옮김, 북돋움

조승연, 『비즈니스의 탄생』, 더난출판사

자극이 필요할 때

김성오, 『육일약국 갑시다』, 김성오, 21세기북스
이수광, 『부자열전』, 흐름출판
이상건, 『돈 버는 사람은 분명 따로 있다』, 더난출판사
이지훈, 『현대카드 이야기』, 쌤앤파커스
토머스 J. 스탠리·윌리엄 D. 댄코, 『이웃집 백만장자』, 리드리드출판
김영식, 『10미터만 더 뛰어봐』, 중앙북스
마이클 엘스버그, 『졸업장 없는 부자들』, 양성현 옮김, 21세기북스
박수진, 『나는 쇼핑보다 경매투자가 좋다』, 다산북스
왕비, 『왕비 재테크』, 길벗
봉준호, 『월세 단칸방에서 삼성동 아이파크로』, 중앙일보조인스랜드
박현주, 『돈은 아름다운 꽃이다』, 김영사
한원태·김영한, 『300억의 사나이』, 다산북스
문승렬, 『한국부자들의 부자일지』, 한국경제신문사
히로 나카지마, 『하와이로 간 젊은 부자 성공비밀 38』, 송수영 옮김, 밀리언하우스
김규환, 『어머니 저는 해냈어요』, 김영사
펠릭스 데니스, 『부자 본능』, 장호연 옮김, 북하우스
마크 피셔, 『게으른 백만장자』, 신윤경 옮김, 밀리언하우스
이선무, 『나는 15억 벌어서 35세에 은퇴했다』, 원앤원북스
신동일, 『한국의 슈퍼리치』, 리더스북
조희탁, 『한국의 자수성가형 부자들』, 에이지21
문승렬, 『한국부자, 세븐파워의 비밀』, 휴먼앤북스
오마타 간타, 『일본 최고 부자가 공개하는 돈 버는 기술』, 이명숙 옮김, 신원문화사

투자 마인드를 기르고 싶을 때

로버트 기요사키 · 샤론 레흐트, 『부자 아빠 가난한 아빠』, 형선호 옮김, 황금가지

로버트 기요사키, 『부자들의 음모』, 윤영삼 옮김, 흐름출판

김정환, 『차트의 기술』, 이레미디어

메리 버핏 · 데이비드 클라크, 『워렌 버핏 투자 노트』, 이은주 · 이재석 옮김, 국일증권경제연구소

보도 섀퍼, 『보도 섀퍼의 돈』, 이병서 옮김, 북플러스

벤저민 그레이엄 · 데이비드 도드, 『벤저민 그레이엄의 증권분석』, 이건 옮김, 리딩리더

피터 린치 · 존 로스차일드, 『피터 린치의 투자 이야기』, 고영태 옮김, 흐름출판

메리 버핏 · 데이비드 클라크, 『워렌 버핏의 재무제표 활용법』, 김상우 옮김, 부크홀릭

제시 리버모어, 『주식 매매하는 법』, 박성환 옮김, 이레미디어

앙드레 코스톨라니, 『돈, 뜨겁게 사랑하고 차갑게 다루어라』, 김재경 옮김, 미래의 창

에드윈 르페브르, 『어느 주식투자자의 회상』, 박성환 옮김, 이레미디어

박경철, 『시골의사의 주식투자란 무엇인가』, 리더스북

김창모, 『김창모의 대한민국 선물옵션 교과서』, 새빛에듀넷

벤저민 그레이엄, 『현명한 투자자』, 박진곤 옮김, 국일증권경제연구소

존 로스차일드, 『전설의 투자가문 데이비스』, 김명철 · 신상수 옮김, 김영사

이용림, 『단순하면서도 강력한 주식투자 불변의 법칙』, 원앤원북스

앨리스 슈뢰더, 『스노볼』, 이경식 옮김, 랜덤하우스코리아

봉준호, 『닥터봉의 부동산 SHOW』, 한스앤리

손낙구, 『부동산 계급사회』, 후마니타스

신정헌, 『27세, 경매의 달인』, 매일경제신문사

징충진, 『내 인생을 바꾼 재테크 부동산 경매』, 휴먼앤북스

변화가 필요할 때

말콤 글래드웰, 『아웃라이어』, 노정태 옮김, 김영사
리처드 탈러 · 캐스 선스타인, 『넛지』, 리더스북
조동성 · 김성민, 『장미와 찔레』, IWELL
허브 코헨, 『허브 코헨, 협상의 법칙』, 강문희 옮김, 청년정신
이지성 · 정회일, 『독서 천재가 된 홍대리』, 다산라이프
이민규, 『실행이 답이다』, 더난출판사
마이클 로지에, 『끌어당김의 법칙』, 이수경 옮김, 웅진윙스
샘 고슬링, 『스눕』, 김선아 옮김, 한국경제신문사
말콤 글래드웰, 『블링크』, 이무열 옮김, 21세기북스
지그 지글러, 『정상에서 만납시다』, 이정빈 옮김, 지성문화사
이지훈, 『혼창통』, 쌤앤파커스
오규덕 · 임현민, 『공채의 기술』, 쌤앤파커스
최인철, 『프레임』, 21세기북스
정진홍, 『정진홍의 사람공부』, 21세기북스
안철수, 『CEO 안철수, 지금 우리에게 필요한 것은』, 김영사

KI신서 4136
예금풍차를 돌려라

1판 1쇄 발행 2012년 7월 20일
1판 10쇄 발행 2017년 10월 30일

지은이 윤승희
펴낸이 김영곤 **펴낸곳** (주)북이십일 21세기북스
출판사업본부장 신승철
디자인 박선향 **일러스트** 오동진
출판마케팅팀 김홍선 최성환 배상현 신혜진 김선영 나은경
출판영업팀 이경희 이은혜 권오권 홍태형
제작팀 이영민 **홍보팀** 이혜연 최수아 김미임 박혜림 문소라 전효은 백세희 김세영
출판등록 2000년 5월 6일 제406-2003-061호
주소 (우 10881) 경기도 파주시 회동길 201(문발동)
대표전화 031-955-2100 **팩스** 031-955-2151 **이메일** book21@book21.co.kr

(주)북이십일 경계를 허무는 콘텐츠 리더

21세기북스 채널에서 도서 정보와 다양한 영상자료, 이벤트를 만나세요!
장강명, 요조가 진행하는 팟캐스트 말랑한 책수다 '책, 이게 뭐라고'
페이스북 facebook.com/21cbooks 블로그 b.book21.com
인스타그램 instagram.com/21cbooks 홈페이지 www.book21.com

ⓒ 윤승희, 2012

ISBN 978-89-509-3893-2 13320
책값은 뒤표지에 있습니다.

이 책 내용의 일부 또는 전부를 재사용하려면 반드시 (주)북이십일의 동의를 얻어야 합니다.
잘못 만들어진 책은 구입하신 서점에서 교환해 드립니다.